알고 보면 재미있는

경제원리

알고 보면 재미있는

경제원리

홍기현

서울대학교출판부

Unexpectedly Interesting Concepts in Economic Thought

Keehyun Hong

Seoul National University Press

머리말

"개체 발생은 계통 발생을 되풀이한다." 이 말은 각 개체가 발생되는 과정이 하등생물에서 고등생물로 진화하는 과정과 흡사하다는 뜻으로, 진화론적 학설에서 나온 것이다.

우리의 사회적 인식, 특히 경제적 인식도 그러할까? 이 책은 이런 질문에 답하기 위해서 쓰여졌다고 할 수 있겠다. 돌이켜 생각해 보면 청소년기를 거치는 동안 우리들의 경제적 인식은 개인차가 컸던 것 같다. 부모님의 보호를 받으며 걱정 없이 성장한 학생들은 돈을 벌어야겠다는 생각이 적었던 것 같고, 가정 형편이 쪼들렸던 학생들은 돈의 무서움을 일찍 알게 되었던 것 같다. 물론 점차 성인이 되어 스스로 생활을 해야 하고, 결혼 후 가족들의 생활까지 짊어져야 하는 형편이 되면 그야말로 경제생활의 주체가 된다. 청소년기에는 주체적 삶을 산다는 것이 좋아 보일지 모르나, 얼마나 험난한 일인지 성인이면 누구나 뼈저리게 느끼고 있으리라. 성인의 삶이란 경제생활이라는 고통의 바다에서 가끔씩 기쁨을 느끼면서 사는 것이라고나 할까?

이렇듯 우리 일생을 살펴보면, 경제생활에 편입되는 모습과 이에 따른 경제적 인식은 점차 달라지게 된다. 가족관계라는 비교적 단순한 인간관계에서 출발하여, 친구관계, 선후배관계, 동료관계, 그리고 나아가 고객과의 관계까지 경험하면서 시장의 참모습을 깨닫게 된다. 가족이나 친구 사이의 덕목과 직장이나 고객관계에서의 덕목은 사뭇 다르다.

가족이나 친구 사이에서는 신뢰와 애정이 중시된다면, 상거래에서는 계약 이행이라는 주고받기가 중시된다. 가족이나 친구 사이에서는 자신의 잘못을 어느 정도 덮어주는 관용이 허용되는 경우가 있지만, 상거래에서는 자신이 잘못한 대가는 자신이 책임을 질 수밖에 없다. 만약 계약을 해놓고 이행하지 못하면 몇 배의 위약금을 물기도 한다. 가족이나 친구 사이에서는 의사소통을 통해 여러 가지 가능성을 묻고 서로 이해하는 가운데서 의사결정을 하게 되지만, 시장에서는 여러 가지 불확실한 것을 스스로 판단하여 알아서 결정해야 한다. 알아서 한다고 해서 많이 아는 것도 아니므로 사업에서 운이 크게 작용한다고 믿는 기업가가 많이 생기는 것도 당연하다.

이와 같은 경험 속에서 우리의 경제 인식은 더욱 정밀해지고, 경제학이나 경영 관련 서적을 공부하면서 전문적인 지식을 가져야 할 필요성도 더욱 절실히 요구된다. 마찬가지로 고대로부터 보면 인류의 경제지식도 오랜 기간에 걸쳐 축적되어 왔다. 고대 중국의 문헌을 보면 "물건이 희소해지면 가격이 오른다"라는 비교적 단순한 시장원리를 알았던 것 같다. 또한 고대 그리스 철학에서는, 분업을 통해 사회가 조직되면 사회가 효율적으로 잘 기능할 것이라는 생각이 나오게 된다.

그렇지만 동서양을 막론하고 중세 때까지의 경제 인식은 그다지 빠르게 발전하지 못했던 것 같다. 그것은 당시 실크로드나 인도를 통한 원격지 무역은 있었지만, 경제의 모습은 기본적으로 명령과 관습에 의해 정해지는 것이었기 때문이다. 왕이나 귀족은 무력을 통해 생산자를 지배하고, 생산자는 공동체를 이루어 생활하면서 일정 부분 왕이나 귀족에게 생산물을 바치는 구조였기 때문에 개인의 독자적 경제생활이란 것은 없었다고 볼 수 있다.

이러한 경제생활의 기본 틀이 크게 바뀌게 된 것은 18세기말 이후 전개된 산업혁명이었다. 시장경제가 본격적으로 도입되자 각 개인의 경제적 선택이 전체적으로 어떤 결과를 가져오는지 관심이 생기고, 개인과 전체의 관계를 설명하는 여러 가지 경제 이론들이 개발되었다. 현대 경제학에서 가르쳐지고 있는 많은 개념들은 사실 산업혁명기에 개발된 것이 많으며, 이 때문에 산업화에서 앞선 서양의 경제사상이 전 세계적으로 가르쳐지고 있는 것이라고 보아도 될 것이다.

앞서 말한 바와 같이 희소성이나 분업과 같은 개념 외에 18세기 초에는 시장에서의 수요와 공급의 작동이 묘사되었고, 경제학의 시조라고 할 수 있는 아담 스미스의 『국부론』1776에는 분업에 의한 생산성 향상, 절약을 통한 자본축적, 일정한 토지에 다른 요소를 추가적으로 계속 투입하면 수확이 별로 늘지 않는다는 수확체감과 같은 현대적 개념이 들어 있다. 19세기 초에 활약한 영국의 리카도와 같은 경제학자는 비록 모든 방면에서 기술력이 떨어지더라도 상대적으로 열등한 정도가 적은 품목을 집중하여 생산하고 이를 수출하면 기술 수준이 높은 나라도 더 기술 격차가 큰 품목에 특화할 수 있으므로 두 나라 모두 이익이 된다는 비교우위의 원리를 정립하였다.

말하자면 산업혁명을 거치면서 경제 인식은 나의 입장만을 생각하는 것이 아니라 상대방의 입장을 동시에 생각할 수 있는 정도에 이르게 된 것이라고 생각할 수 있다. 이러한 사고가 축적되면서 19세기 후반에 이르면 개인들의 개별적 선택들이 어떻게 시장이라는 전체구조 속에서 치밀하게 얽혀져 있는지를 논리적으로 해명할 수 있게 되었고, 이것이 현재 경제학의 기본 틀이 되어 있다. 시장균형, 자원배분의 효율성, 불균형의 조정과 같은 개념들이 제시된 것이다.

시장이란 물론 불확실한 가운데서 작동되는 것이기 때문에 언제나 완벽하게 매끄럽게 작동하는 것은 아니다. 1930년대 세계대공황과 같은 실패로 인해서 많은 사람이 고통을 겪기도 했다. 이 때문에 19세기의 고전물리학적 사고에 기반을 둔 경제학에 대한 비판이 발생했다. 예를 들어, 케인스는 경제를 기계처럼 관찰해서는 안 되며, 인간의 심리 그것도 집단 심리를 관찰해야 한다고 강조하였다. “인간은 흔들리는 갈대”와 같다는 철학자의 말처럼 인간의 심리가 중요하다면, 경제는 얼마나 복잡한 것인가?

이 때문에 기계론적 경제학에 대한 비판도 많지만, 그래도 경제학자, 경제사상가는 끊임없이 고민하고 보다 많은 것을 관찰하려고 노력하고 있다. 이 책은 이런 고민과 노력 중에서 지금도 눈여겨볼 만하다고 생각되는 개념들을 주제별로 소개하고 있다. 물론 당시 문제가 되었던 주제들은 가급적 시대순으로 소개할 수 있으면 가장 좋겠다. 그렇지만 시장경제의 다면적 특성으로 인해 반드시 여러 주제가 동시다발적으로, 그리고 서로 얽혀 있는 식으로 나타났기 때문에 역사적 차례대로 순서를 매기는 것은 거의 불가능하다.

여기 소개된 주제들은 대부분 처음 등장할 당시 상당한 관심을 끌었던 주제들이기 때문에, 오늘날의 독자들에게도 관심을 불러일으킬 수 있으리라 기대한다. 또한 몇 개의 주제들은 당시 별다른 관심을 끌지 못했으나, 현재의 관점에서 보면 상당히 선구적인 생각이라는 점에서 소개된 것도 있다. 예를 들면, 기업가의 특성, 시간에 대한 관념, 불확실성에 대한 태도와 같은 것들이 그러한 주제들이다.

이 책의 글은 대부분 일간지에 소개되었던 것들을 다시 옮겨 적은 것이기 때문에 각 주제들을 개별적으로 읽어도 무방하다. 다만 당시 지면상 줄였던 부분들을 가급적 원래 썼던 대로 살려 놓았으며, 인용문도 몇 개 추가하여 사상가들의 원래 생각을 느낄 수 있도록 하였다. 연재 당시 글을 다듬는 데 많은 도움을 준 조선일보사 나지홍 기자와 핵심이 잘 드러나도록 삽화를 그려준 김도원 화백님께 감사드린다. 그리고 이 책의 출판을 맡아준 서울대학교출판부 출판부장 최성재 교수님, 편집과 교정을 맡아주신 곽진희 과장님과 정미경님, 그리고 연재 당시 최초의 독자가 되어 준 아내에게 감사드린다.

2008년 9월

관악을 바라보며

차례

02 변해야 보이는 경제

03 경제를 보는 두 시선

01

알고 보면 재미있는 경제원리

원리를 알면 보이는 경제

가격은 엿장수 맘대로? | 지식이 많으면 돈도 잘 벌까?

소비문화는 발전의 걸림돌인가? | 기업가와 사기꾼의 차이 | 돈은 왜 돌고 도는 것일까?

기업이란 조직은 왜 생겼을까? | 부자들이 로또를 사지 않는 이유

가격은 엿장수 맘대로?

"종이를 자르는 것이 가위의 위쪽 날인지 아래쪽 날인지 우리가 논쟁할 수 없듯이, 가치를 결정하는 것이 효용인지 생산비인지 논쟁할 수 없다. 한쪽 날이 고정되어 있어 다른 쪽 날만 작동하는 경우 둘째 날이 종이를 잘랐다고 성급하고도 간단하게 말할 수도 있겠지만, 엄밀하게 보면 이 말은 부정확할 뿐만 아니라 실제 일어난 일에 대한 과학적 설명이라기보다는 통속적 설명으로서만 겨우 적용될 수 있다."

영국 경제학의 전통을 이어가는 데 중심적인 인물이었던 알프레드 마셜Alfred Marshall, 1842-1924의 『경제학원리 *Principles of Economics*』1890에 나오는 내용이다. "가위 양날의 비유"로 알려진

이 구절은, 마셜 이후의 많은 경제학 교과서에 소개되고 있다.

시장에서 재화를 거래할 때 사는 쪽(수요자)과 파는 쪽(공급자)의 힘에 의해 가격이 결정되는 것도 모르는 사람이 있단 말인가? 가위를 사용하는 엿장수뿐만 아니라 누구나 알만한 내용이 왜 완벽주의자로 유명했던 경제학자 마셜의 책에 실려 있는 것일까?

이 질문에 답하려면 우선, 배경지식으로서 경제사상 2천 년의 역사 동안 이어져 온 가격 결정에 관한 이론 대립을 알아야 한다. 경제학에서 가격 결정의 근본요인에 대해서 탐구하는 이론을 가치론이라고 한다. 가치론은 크게 효용가치론과 노동가치론으로 나눈다. 효용가치론은 소비자의 만족도, 즉 수요 측 요인을 중시하는 것이고, 노동가치론은 인건비를 중요시하는, 즉 공급 측 요인인 생산비를 중시한다.

경제사상 2천 년의 역사를 보면 고대에서 중세까지는 대체로 효용가치론이 득세하였다. 그리스 철학자 아리스토텔레스 Aristoteles는 재화의 가치를 결정하는 데 효용과 노동이라는 두 요인이 있겠지만, 재화를 교환할 때 그 양 당사자의 필요에 의해 교환비율이 정해질 수밖에 없다고 생각했다. 나아가 그는 "한 재화가 욕구되는 정도는 소비되는 재화묶음에서 그 재화를 빼거나 더할 때 생기는 변화에 의존한다"라고 말함으로써 소비자의 만족도 변화가 재화가치에 큰 영향을 주는 요인임을 분명히 하였

공급 증가에 대한 뚜렷한 대책 없이 수요를 규제하여
부동산 값을 잡겠다고 달려드는 정책입안자도
있는 걸 보면, 엿장수도 아는 가위 양날의 원리를 깨닫는 데
2천 년이 걸린 것도 이상한 일은 아니라는
씁쓸한 생각이 든다.

다. 중세 신학자들도 재화의 유용성을 가치결정 요인으로 보았는데, 이는 인간 노동을 원죄의 산물로서 천시한 사상과 관련 있어 보인다.

오랫동안 득세하던 효용가치론의 관점이 크게 바뀌게 된 것은 영국 경제사상가들의 노력 때문이다. 근대 경제학의 아버지 아담 스미스Adam Smith는 『국부론 *The Wealth of Nations*』1776에서 "물은 유용하지만 가치는 거의 없으며, 반대로 다이아몬드는 그 유용성은 크지 않지만 그걸 가지고 많은 물건과 바꿀 수 있다"라는 소위 물과 다이아몬드의 패러독스를 제시함으로써, 상품의 가치가 효용이 비례하지 않는다는 사실을 지적했다.

따라서 스미스는 노동이 가치의 척도가 될 수밖에 없다고 생각하여 노동가치론적 관점에서 가격을 분석하였다. 우선 스미스는 지대와 이윤이 없는 경우에 가격은 투입된 노동량에 정확히 비례한다고 설명했다. 예를 들면, 사슴을 잡는 데 1시간이 걸리고 비버를 잡는 데 2시간이 걸린다면, 비버의 가격은 사슴 가격의 두 배가 될 것이다. 물론 스미스는 지대와 이윤이 있는 자본주의 사회에서는 노동가치론이 정확히 성립하지는 않는다는 것을 인정했다.

노동가치론은 스미스 이후 데이비드 리카도David Ricardo에 의해 체계화되었다. 이에 따라 영국 고전파 경제학자들은 노동가치론을 전적으로 지지하지는 않더라도, 공급 측 요인인 생산비를 통해 가격을 설명하려는 시도를 버리지 않고 있었다. 그런데 고대와 중세에 걸쳐 가치결정 요인으로서 효용이 강조되다가 영국 고전파에서 노동이 강조되게 된 이유는 아마도 경제 환경적 변화 때문인 것으로 생각된다. 즉 근대 이전에서는 교환되는 물건이 주로 희소성에 영향을 많이 받은 사치품이나 편의품이었다가, 근대 제조업 사회에서는 일정한 생산비를 투입하여 만들 수 있는 필수품이 대량으로 유통되면서 공급 측 요인이 중요시된 것이 아닌가 한다.

생산비를 중시하는 경향은 영국 고전파가 득세하던 100년간 계속되었다. 그러나 1870년대 들어 이러한 경향에 반대하는, 즉 효용을 중시하는 이론이 다시 나타났다. 영국의 제본스William Stanly Jevons, 오스트리아의 멩거Carl Menger, 스위스의 왈라스Walras 등 세 명의 경제학자들은 1870년대 초 수요 측면에서 가격결정을 분석하는 방법을 개발했다. 이들은 가격이 효용에 비례하지 않으므로 가격 설명에 있어서 효용을 배제해야 한다는 스미스의 주장을 정면으로 비판했다. 이들은 가격이 비록 효용의 총량에는 비례하지 않는 것처럼 보이지만, 재화를 1단위 더 소비할 때 발생하는 한계효용과 가격은 정확히 비례한다는 것을 수학적으로 입증하였다. 이런 의미에서 이들의 업적을 한계효용가치론이라고 부른다.

세 명의 젊은 경제학자들이 각각 독립적으로 발견한 한계효용 가치론은 그 이후 고전파 경제학의 노동가치론과 정면으로 대립하여 경제학계를 양분하였으며, 결국에는 젊은 경제학자들에게 주도권이 넘어갈 지경에 이르게 된다. 이런 역사적 변화 과정을 경제사상사에서는 추가적인 변화분을 중시하는 한계분석이 득세하였다고 하여 "한계혁명the Marginal Revolution"이라고 부른다. 말하자면 마셜의 "가위 양날의 비유"는 한계혁명이라는 경제사상의 거대한 변화를 감지하고 고전학파 가치론과 새로운 한계분석을 절충하려는 입장에서 제시된 것이다.

마셜의 절충적 견해는 경제학계에서 다수의 견해로 받아들여지고 있는데, 과연 일반인들한테서도 그러한지 확신이 없다. 예를 들어, 어떤 사람이 독점기업은 가격과 판매량 둘 다를 자기 마음대로 정한다고 생각한다면, 이는 틀린 생각이다. 왜냐하면 기업이 판매량을 정하면 가격은 사는 쪽인 소비자가 정하는 것이고, 공급자가 가격을 정하면 수량은 수요자가 정하는 것이 수요-공급의 원리이기 때문이다. 또한 공급 증가에 대한 뚜렷한 대책 없이 수요를 규제하여 부동산 값을 잡겠다고 달려드는 정책입안자도 있는 걸 보면, 엿장수도 아는 가위 양날의 원리를 깨닫는 데 2천 년이 걸린 것도 이상한 일은 아니라는 씁쓸한 생각이 든다.

효용가치론 utility theory of value 재화의 가치가 소비자가 누리는 만족도에 의해서 결정된다는 이론. 좀 더 정확하게는 재화의 가치가 재화 소비량 1단위가 증가할 때 생기는 만족도의 증가분, 즉 한계효용marginal utility에 의해서 결정되므로 한계효용가치론이라고도 함.

한계혁명 marginal revolution 1870년대 초 영국의 제본스Jevons, 스위스의 왈라스Walras, 오스트리아의 멩거Menger에 의해서 한계효용가치론이 제시된 이후 수요 측면의 중요성이 강조되면서 경제이론의 구조가 획기적으로 바뀐 사건을 이르는 말.

지식이 많으면 돈도 잘 벌까?

오스트리아 출신으로 노벨경제학상을 수상한 하이에크Friedrich Hayek, 1889-1992는 1945년에 발표한 「사회에서의 지식활용」이란 논문에서 지식의 종류를 두 가지로 나누었다. 그 하나는 과학적 지식scientific knowledge으로서 "일반적 원리로서 설명될 수 있는 지식"과 다른 하나는 국지적 지식local knowledge으로서 "특정한 장소나 시간, 그리고 특정 상황에서만 의미를 가지는 지식"이다. 이 두 종류의 지식 중에서 돈벌이에 직접 도움이 되는 지식은 무엇일까?

이 질문에 답하기에 앞서 하이에크가 지식의 종류를 구분하게 된 배경부터 알아보자. 사실 하이에크가 지식의 종류에 관심을 갖게 된 것은 과연 정부의 계획적 경제운영에 의해 경제 상황이 개선될 수 있는가 하는 의문 때문이었다. 특히 현실적으로 새로운 경제체제로 등장한 사회주의가 나름대로 자리잡게 되면서, 사회주의 경제가 잘 운영될 수 있는지에 대해서 논쟁이 생긴 것이 그 배경이다.

20세기 들어서면서 상당수 경제이론가들은 비록 시장경제처럼 가격을 통해 거래가 원활하게 되지는 않는다 하더라도 계획당국이 생산비용에 관한 조건과 소비자의 소비행동에 관해 충분한 정보를 얻는다면 사회주의 경제하에서도 효율적인 자원배분이 가능하다고 생각했다. 일찍이 이탈리아 경제학자 바로네Enrico Barone, 1859-1924는 1908년에 발표한 논문에서 여러 재화의 수요와 공급이 일치하도록 만드는 연립방정식을 계산할 수 있다면 사회주의 경제도 잘 작동할 것이라고 주장한 바 있다.

이러한 주장에 대해서 본격적으로 비판한 사람들은 오스트리아 출신 경제학자들이었다. 오스트리아학파는 원래부터 자유주의적 성향이 강한 사람들로서, 나치즘이든 공산주의든 전체주의적 경제운영을 지극히 싫어했다. 그중 한 사람인 미세스Ludwig von Mises, 1881-1973는 1920년에 발표한 논문에서 사회주의 체제하에서는 합리적인 자원배분은 불가능하다고 주장했다. 미제스는 사회주의 하에서는 생산의 투입요소인 토지와 자본을 공유하기 때문에 그 가격을 합리적으로 매길 수 없고 따라서 비용도 적정하게 계산될 수 없다. 이에 따라 최소비용으로 생산하는 것도 불가능하다는 것이다.

이와 비슷한 맥락에서 하이에크는 1935년 자신이 편집하여 발간한 『집산주의적 경제계획』이란 책에서 비록 계획당국이 수요와 공급을 정확하게 계산하는 것이 이론적으로 가능하다 해도, 실제로 그러한 계산을 하려면 엄청난 정보가 필요하다고 주장했다. 예를 들어, 사람이 100명, 재화가 700개가 있다면 수요를 파악하기 위해서 70,000개의 자료가 필요하다. 이에 더하여 수요와 공급을 일치시키기 위한 조건으로 약 700개의 식이 더 필요하게 된다. 하이에크는 한 걸음 더 나아가, 계산 자체가 불가능한 경우가 많다고 주장한다. 그나마 자료를 파악할 수 있다면 계산을 하면 되겠지만, 소비자의 만족도나 생산 과정의 노하우know-how는 특정한 상황에서 의미를 가지는 지식이므로 다른 사람에게 전달한다는 것 자체가 원천적으로 불가능하다는 것이다.

오스트리아 경제학자들의 비판에 대해 폴란드 출신 경제학자 랑게Oscar Lange, 1904-1965는 1936년에 발간한 『사회주의 경제이론』에서 가격은 재화생산에 소요되는 자원의 상대적 희소성의 지표이므로 반드시 시장을 통해서 파악될 필요성은 없으며 계획당국에 의해서 정해질 수 있음을 이론적으로 해명하였다. 나아가 랑

경제 전체에 관한 "과학적 지식"이 없다 하더라도

자신과 관련된 "국지적 지식"만으로도

올바른 판단을 할 수 있다.

게는 만약 현실적인 작동을 위해서라면 소유방식은 공유제를 유지하되, 재화 판매를 시장을 통해서 하는 시장사회주의market socialism를 도입하면 되므로, 오스트리아 학자들의 비판은 기우에 불과하다고 주장했다.

1930년대 벌어진 이 사회주의 계산 논쟁은 이 정도에서 마무리되었고, 경제이론가들의 의견에 동조하는 사람들이 많아지면서, 오스트리아 학파의 주장은 거의 잊혀지는 듯했다. 더군다나 2차대전 이후 생긴 사회주의 국가들도 비교적 잘 성장하면서, 경제이론가들의 주장이 타당한 것처럼 보였다. 하지만 1990년 들어서 결국 사회주의 경제는 몰락하고 말았다. 그 이유는 무엇일까? 가장 큰 원인은 경제규모가 커지면 커질수록 사회주의가 작동되기 힘들다는 점일 것이다. 경제규모가 작았을 때는 자원을 잘 동원하여 경제가 성장하는 것처럼 보였지만, 한번 왜곡된 구조가 쉽게 고쳐지지 못하고 비효율이 누적된다. 예를 들어 자원을 과다 투입하여 생산목표를 달성한 기업에서 목표초과 달성이라고 상을 받고 더 열심히 생산하면, 다른 부문에서는 자원 부족이 발생한다. 이러한 왜곡이 누적되면서 결국 사회주의는 붕괴하게 된다.

그렇다면 하이에크의 지식 분류에 비추어 볼 때 시장경제의 장점은 무엇인가? 하이에크에 따르면 시장경제에서는 개인들이 자신과 관련된 최소한의 정보만을 가지고 자신의 이익을 좇아 판단하더라도 경제 전체가 효율적으로 작동하게 된다. 개인들은 자신이 관심을 가진 재화의 가격이 오르면 그 재화를 덜 사면 되지, 왜 그 재화가격이 올랐는지 알 필요가 없다. 말하자면 경제 전체에 관한 "과학적 지식"이 없다 하더라도 자신과 관련된 "국지적 지식"만으로도 올바른 판단을 할 수 있다.

이와 같이 시장경제는 최소정보만으로 효과적으로 작동하는 돈 안 드는 컴퓨터와 같다. 이에 비해 사회주의는 막대한 정보를 처리하려고 비싼 슈퍼컴퓨터를 도입하더라도 결국 처리 용량 초과로 다운될 수밖에 없는 시스템이다. 이는 시장경제가 효율적이기 때문에 자발적으로 생긴 질서임에 비해, 사회주의는 인간의 머리로 인위적으로 만든 질서이기 때문에 생긴 결과이다. 이러한 명백한 차이를 보면 돈 벌어본 경험이 적은 사람들이 다수 참여한 정부에서 인위적 정책을 만들어 경제 문제를 해결하겠다고 덤벼드는 것도 이해가 간다.

과학적 지식 scientific knowledge 일반적 법칙으로 설명될 수 있는 지식.

국지적 지식 local knowledge 특정한 시간, 장소, 관계 하에서만 의미가 있는 지식. 하이에크에 따르면 과학적 지식은 다른 사람에게 잘 전달될 수 있으나, 국지적 지식은 특정 상황에 처한 사람만이 알 수 있으며 다른 사람에게 잘 전달될 수 없다고 함.

시장경제 market economy 경제활동이 시장방식, 즉 수요자와 공급자의 거래를 통해서 이루어지는 경제.

계획경제 planning economy 경제활동이 계획당국의 의도적 계획에 의해서 이루어지는 경제.

소비문화는 발전의 걸림돌인가?

2007년 4월 16일 버지니아공대에서 교포 학생이 벌인 사건은 충격적이었다. 범행 동기에 대한 논란 중에서 이민 1.5세대로서 받은 문화적 부적응을 지적하는 경우가 많았다. 특히 '벤츠와 금목걸이'로 표상되는 미국 기성층 소비문화에 상당한 반감을 가졌던 것으로 보인다.

이러한 문화적 갈등에 초점을 맞추어 경제적 변화 과정을 분석함으로써 학계에서 주목받은 경제학자를 생각한다면, 역시 가장 먼저 미국의 제도학파 경제학자인 베블런Veblen, 1857-1929을 들 수 있다. 그는 1899년에 발간된 『유한계급론有閑階級論, *The Theory of the Leisure Class: An Economic Study*』에서 사회를 노동계

급과 유한계급으로 나누고 나서, 유한계급의 소비행태를 풍자적으로 묘사하고 있다.

"가치 있는 재화들을 과시적으로 소비하는 것은 유한계급 남성이 명성을 얻기 위한 하나의 방편이다. 그가 부를 축적하면 할수록 그 혼자만의 노력으로는 자신의 부유함을 충분히 과시할 수 없게 된다. 그에 따라 값비싼 선물을 제공하거나 화려한 축제나 연회를 열어 친구들이나 경쟁자들의 호응을 이끌어 낸다. 선물과 잔치는 아마도 그런 유치한 과시욕과는 또 다른 기원을 가지고 있겠지만, 하여간 아주 오래 전부터 이러한 의도에 부응하는 효용을 획득하여 오늘까지 그 성격을 유지하고 있다."

베블런이 이렇게 기성층의 문화를 비꼬게 된 것은 그 자신의 개인적 경험과 관련이 있어 보인다. 베블런은 위스콘신 주에서 농사일을 하면서 근근이 살아가는 노르웨이 이민의 아들로 태어났다. 그는 미네소타 주의 조그만 대학에 들어갔다가 존스 홉킨스 대학으로 장학금을 받고 학교를 옮겼다. 이 학교에는 미국 남부 지역의 부자들의 자제들이 많이 다니고 있어서 그런지 베블런은 학교생활에 잘 적응하지 못했다. 이러한 상황에서 그는 인류학, 심리학, 역사학 등 여러 방면의 독서를 통해 기존의 경제이론을 비판하는 시각을 키우게 된다.

베블런은 인간의 본성이 경제활동에 주는 영향을 진화론적 관점에서 분석하였다. 그는 인간의 본성이 원래 생산적 활동을 하는 제작본능과 소비활동에 주력하는 낭비본능이라는 두 가지 요소로 구성되어 있었는데, 경제가 성장하면서 낭비본능이 점점 득세한 결과 과시적 소비가 발생했다고 생각한다. 우선 그는 노동을 천시하는 유한계급의 출현은 고대의 약탈문화와 관련이 있는 것으로 보고 있다. 즉 원시공동체에서는 누구나 일을 하고 노동을 중시했지만, 전쟁을 통해 노예를 확보하게 되면서 남성들은 전쟁이나 스포츠와 같은 명예로운 일을 하는 것을 숭상하게 되었다는 것이다.

이러한 약탈문화는 결국 여가와 소비생활을 과시하는 문화를 만들었으며, 여기에서 발생한 것이 허례허식에 다름없는 각종 관습이나 종교의식이었다고 분석한다. 예를 들어 술과 담배 같은 것도 사실 소비 수준을 과시하기 위해 나왔으며, 이 때문에 남성의 우월성을 강조하기 위해 여성들에게는 금기시되었다고 본다. 또한 생활수준이 나아지면서 이세는 여성들을 대리소비자로 내세워 화려한 의복이나 장신구를 착용하게 되었다고 분석한다.

나아가 그는 미적 감각도 과시적 소비에 따라 발달하여, 자연적인 아름다움이 아니라 희소하고 값비싸야 아름답게 평가되었다고 풍자하고 있다. 예를 들어 "한창 유행하는 애완견들이 자랑하는 기형성과 기괴함의 상업적 가치는 그 애완견의 가격이 높다는 데 있고, 그 상품을 소유하는 사람이 그것을 가치 있게 여기는 이유는 그것이 주로 과시적 소비에 유용한 품목이기 때문"이라고 말한다.

그는 이러한 약탈적 문화가 과시적 소비를 통해 결국 사회 발전을 가로막는 요인으로 작용한다고 생각한다. 왜냐하면 생산적 노동에 종사하는 사람들도 각종 허례허식에 빠져들게 되어 본래의 제작본능이 쇠퇴하고, 기업조직도 기업가들이 산업적 활동과 거리가 멀어지면서 금전적 문화에 젖어 유한계급화하는 형태로 바뀌게 된다고 생각한다.

물론 베블런은 제작본능과 낭비본능 중, 어떤 하나가 완전히 압도하지는 못하므로 자본주의의 미래에 대해서 확정적 결론을 내리고 있지는 않다. 그렇지만, 그는 생산과 소비, 그리고 산업 활동과 금전적 영업 활동, 나아가 기술과 제도를 대립적 관점에서 보는 시각은 뚜렷하다. 하나는 제작본능의 소산으로 사회를 발전시키지만, 다른 하나는 낭비본능의 소산으로 사회를 퇴락시킬 것이라고.

과연 소비문화는 경제발전을 가로막는 장애물인가? 그리고 각종 관습과 제도들은 낭비적 소비문화에 젖은 기득권층이 만들어

낸 것인가? 일반적으로 기술과 제도를 대립적으로 보는 관점은 타당한 것인가? 이에 대한 찬반 의견은 나뉠 수밖에 없다. 왜냐하면 이러한 거대한 가설의 타당성을 자료를 통해 검증하는 것 자체가 어렵기 때문이다. 그렇지만 대체로 학계에서 베블런의 의견을 지지하는 학자는 소수였다고 생각된다.

베블런과 동시대인이면서 미국 제도학파의 대표자의 한 사람인 코먼스John Rogers Commons, 1862-1945조차도 기술과 제도, 산업과 영업을 대립적 시각에서 보는 베블런의 견해를 지지하지 않았다. 코먼스는 문화와 제도와 같은 요인들이 허례허식이라고 생각하지 않았다. 제도는 "집단적 행동규칙"을 지칭하며, 다양한 이해관계가 조정하는 기능을 가지고 있다고 보았다. 따라서 각종 제도들이 기득권층에게 일방적으로 유리하게 작용하는 것도, 경제발전을 가로막는 것도 아니라고 보았다.

2차대전 이후 계속 미국 제도학파의 전통을 이어온 갈브레이스John Kenneth Galbraith, 1908-2006도 현대 대량소비사회에서 하층계급은 상층계급을, 후진국은 선진국의 생활을 모방하고 있다고 비판적으로 분석한 바 있다. 그렇지만 그는 기술적 전문가 집난을 통해 다양한 이해관계가 조정되므로 공공의 이익이 보존될 수 있다고 생각했다. 이런 이론적 논의들을 심각하게 생각하지 않더라도 여가활동을 통해 창의성이 고양되고, 스포츠를 통해 사회통

가치있는 재화들을 과시적으로 소비하는 것은
유한계급 남성이 명성을 얻기 위한 하나의 방편이다.
(그는) 값비싼 선물을 제공하거나 화려한 축제나 연회를 열어
친구들이나 경쟁자들의 호응을 이끌어 낸다.

(베블렌, 『유한계급론』에서)

합을 이룰 수 있는 여지가 있다는 것을 알 수 있다. 따라서 여가와 소비를 굳이 백안시할 필요는 없어 보인다.

산업활동 industrial activity 직접적으로 생산을 담당하거나 기술을 개발하는 등 경제발전을 위해 일하는 활동. 이에 대비되는 개념은 단순한 거래를 통해 돈을 벌려고 하는 영리활동pecuniary activity 또는 경영활동business activity으로 베블렌Veblen의 독특한 양자택일적 용어법에서 나온 말임.

유한계급 leisure class 직접적인 산업활동에 참여하지 않고 소비를 담당하는 집단으로서 과시적 소비를 하는 경향이 있음.

제작본능 workmanship 재화를 생산하거나 산업활동을 하려는 본성.

낭비본능 wastemanship 생산에 참여하지 않고 소비를 하려는 본성.

기업가와 사기꾼의 차이

기업가와 사기꾼의 공통점과 차이점은 무엇일까? 아마도 공통점은 다른 사람에게 꿈을 팔아서 돈을 번다는 점일 것이다. 차이점은 기업가는 그 꿈은 자신도 믿기 때문에 끝까지 꿈을 이루기 위해 노력하는 데 비해, 사기꾼은 그 꿈이 엉터리라는 것을 알기 때문에 적당한 때에 도망친다는 데 있다고 말할 수 있다. 기업가를 사기꾼에 빗대어 설명하는 것은 기업가를 비하하려는 것이 아니라, 새로운 꿈을 제시하는 '혁신가innovator'로서의 모습과 꿈을 실현하는 과정에서 발생하는 모든 위험부담을 도맡게 되는 '위험부담자risk-bearer'로서의 역할을 잘 살펴볼 수 있기 때문이다.

사실 이 두 역할은 동전의 양면과 같은 것으로서 현실 경제를 이끌어가는 기본적 동인으로서 너무나 중요한 데 비해서, 경제학의 역사에서 상대적으로 소홀히 다루어져 왔다. 기업가entrepreneur라는 말은 프랑스 어에서 나온 것으로서 '사업을 수행하는 사람'이란 뜻을 가지고 있다. 영어에서는 사업가undertaker로 번역되기도 하나, 새로운 사업을 수행한다는 의미라기보다는 사업관리자로서의 의미가 강해 '앙뜨레프레누어'라는 프랑스 어를 주로 쓰고 있다.

경제사상사에서 최초로 기업가 개념을 잘 정립한 사람은 18세기 전반기에 활동한 리차드 깡띠용Richard Cantillon이라는 은행가다. 깡띠용의 활동에 대해서는 잘 알려져 있지 않다가 1870년대에 와서야 경제학계의 주목을 받게 되었다. 깡띠용은 1680년대 출생한 것으로 추정된다. 그는 1711년 스페인에서 영국 정부의 수납기관에서 일했다. 그러던 중 수납관이던 직장 상사가 큰돈을 벌게 되자 그 돈을 관리해 주는 일을 하였고, 아울러 런던과 파리를 오가며 외환거래업을 하여 많은 돈을 벌었다.

그러던 중 깡띠용은 1716년 런던에서 은행을 설립한 죤 로John Law라는 사림과 함께 일하면서 주식시장으로 활동을 넓히게 되는데, 이 때부터 그는 이재술理財術을 악용하게 된다. 그는 죤 로와 함께 미시시피주식회사를 설립하였고, 프랑스 영토였던 미시시피에 투자하면 큰돈을 벌 수 있다고 소문을 내어 20배 이상의

기업가와 사기꾼의 공통점과 차이점은?
아마도 공통점은 다른 사람에게 꿈을 팔아 돈을 번다는
점일 것이다. 그렇다면 차이점은?

차익을 남기고 주식을 팔았다. 그는 또한 외환투기에도 나서 존 로와 반대 방향으로 투자하여 존 로를 빈털터리로 만들어 버렸다. 1734년 깡띠용은 런던의 집이 불타면서 시체로 발견되는데, 돈을 노리고 하인이 죽였다는 설과, 자신이 피해자들로부터 몰려오는 소송을 피하여 자작극을 벌이고 잠적했다는 설이 엇갈리고 있다. 아무튼 깡띠용은 기업가라기보다는 사기꾼으로 기억되고 있어, 불명예스럽게 일생을 마감한 셈이다.

그런데 불타버린 깡띠용의 집에서 프랑스 어로 된 원고가 발견되어 1755년에 『상업 일반의 본성에 대한 에세이』란 제목으로 발간되었다. 이 책에서 깡띠용은 지주를 제외한 경제적 계층을 기업가와 피고용자로 분류하고, 기업가란 위험부담을 지고 자신의 사업을 하는 사람으로 정의하고 있다. 그는 파리 센 강의 물장수나 토지를 빌려 농장을 경영하는 사람이나 모두 자신의 판단에 의해 사업을 하므로, 모든 경비를 지불하고 남은 소득을 가질 수밖에 없다.

이런 점에서, 일정한 액수를 지급받는 피고용자와는 소득의 원천면에서 본질적으로 다르다고 말한다. 말하자면 잔여소득 청구권자residual claimant로 기업가는 사업상 생기는 모든 위험을 책임지게 되어 있다는 것이다. 따라서 기업가는 큰돈을 벌 수도 있지만, 크게 망할 수도 있는 위치에 있다. 이러한 점에서 귀족에게 고용된 관리인과는 사뭇 그 행동방식이 다르다고 말한다.

그는 기업가가 대부를 받아 사업을 하는 경우 그가 올리는 소득에서 이자가 지급되므로, 기본적으로 이자는 이윤의 한 부분에 지나지 않는다고 갈파하였다. 그는 대부자금을 주로 수요하여 사업을 영위하고 잉여를 창출하는 것은 기업가라고 생각하여, 『상업 일반의 본성에 대한 에세이』에서 다음과 같이 말한다.

"만약 농업자본가가 그의 사업을 수행할 만큼 충분한 자본을 가지고 있다면, …… 그는 모든 경비를 지불한 뒤 생산물의 3분의 1 정도를 자신이 가질 것이다. 그러나 능력있는 농부가 자본은 없고 매일 임금을 받아서 생활할 정도인데, 만약 자금을 빌려줄 사람을 만난다면, 그는 자본을 빌려준 사람에게 생산물의 3분의 1 정도를 이자로 갚을 수 있을 것이다. 그렇지만 그는 자신이 하인이 되기보다는 스스로 사업을 영위하여 (지대를 제외한) 나머지 3분의 1을 가지고 생활할 수 있으므로 자신의 처지가 개선된 것으로 생각할 것이다."

말하자면 기업가는 지대와 이자와 같은 경비를 주고 나서 남은 소득으로 생활하는 사람이며, 이러한 의미에서 사업을 개척하면서 위험부담을 지는 사람이라는 것이다.

깡띠용이 살던 시기는 농업이 중심이었던 사회임에 비추어, 기업가에 대한 그의 견해는 상당히 선구적이었다. 이러한 생각은 결국 대륙의 여러 경제학자들에게 전달되어 결국 가장 널리 받아들여지는 기업가에 관한 이론으로 정립되었다고 평가될 수 있다.

기업가 entrepreneur 생산을 담당하는 경영조직인 기업의 운영 책임을 가진 주체로서, 조직 관리와 같은 통상적인 역할보다는 상품혁신과 기술개발과 같은 창의적인 역할을 담당한다는 의미에서 나온 말.

잔여소득청구권 residual claim 기업에서 임금, 재료비, 이자 등 모든 경비를 지불하고 나서 남은 금액에 대해서만 마지막으로 소득지불을 청구할 수 있는 권리로서, 결국 기업의 주인인 주주가 잔여소득청구권자가 됨.

위험부담 risk-bearing 불확실한 상황에서 손해가 될 가능성이 있는 경우 그 책임을 자신이 떠맡기로 하고 의사결정을 하는 상황.

돈은 왜 돌고 도는 것일까?

1982년 5월 어음사기 사건으로 당시 사채시장의 큰손으로 통하던 장모 여인이 구속되면서 "돈은 돌고 도는 것"이라는 말을 남겼다. 아마도 돈을 잘 돌게 함으로써 원활한 경제운영에 기여했다는 것으로써 자신의 행동을 옹호하기 위해서 한 말인 것 같다. 이 말은 현상적으로 볼 때 타당한 듯이 보인다. 그렇다면 왜 돈은 돌고 도는 것일까? 이러한 돈의 흐름이 현실 경제활동에 주는 영향은 무엇일까?

우선 돈이 순환되는 원인은 편리한 실물거래를 위함일 것이다. 물건을 직접 교환하는 물물교환 단계에서는 상대방이 원하는 물건을 제공해야 하는데, 상호간 수요가 정확하게 일치하는 상대방을 만나기는 어렵다. 이 때문에 교환 과정의 매개수단으로서 화폐가 고안되었다. 일찍이 고대 그리스 철학자 아리스토텔레스도 화폐를 교환의 매개물medium of exchange이라고 정의하였으며, 화폐의 기능은 원활한 실물거래를 위한 것이라고 생각했다.

그런데 만약 화폐가 교환의 매개물로만 쓰인다면, 화폐의 양이 많고 적음은 실물 경제활동의 크기에 영향을 주지 못한다는 것을 알 수 있다. 만약 어떤 시점에 모든 사람에게 화폐가 2배씩 더 생긴다면 각자 물건을 더 사려고 하지만, 물건 값만 2배가 될 것이고 더 가진 화폐로 살 수 있는 물건의 양은 그대로 똑같을 것이다.

말하자면 화폐가치만 반이 되고, 실질적으로 구매할 수 있는 물건의 양은 변화가 없다. 이렇듯 화폐의 수량이 실물경제활동에 아무런 영향을 줄 수 없다는 특성을 화폐중립성neutrality of money이라고 한다. 국제간 거래에서 금이 결제수단이던 17세기경에는 이러한 화폐의 특성이 잘 나타났기 때문에 화폐량과 물가수준은 장기적으로 비례할 수밖에 없다는 인식이 확고히 생기게 되었다. 화폐량과 물가수준은 비례한다는 명제를 화폐수량설quantity theory of money이라고 하는데, 이러한 화폐수량설적 사고는 20세기 중반 케인스 경제학이 나타날 때까지 경제학계의 주된 이론으로 자리잡게 된다.

그런데 금융제도가 발달하여 화폐와 유사한 기능을 하는 금융수단들이 생기고, 화폐도 단순히 교환의 매개수단으로 머물지 않고 하나의 자산으로서 기능하게 되면 화폐와 실물경제와의 관계는 상당히 복잡하게 된다. 화폐는 보유하고 있다고 수익이 발생하지는 않지만, 즉각 다른 자산으로 바꿀 수 있기 때문에 가치저장store of value 수단으로 기능한다. 즉 화폐를 가지고 있으면 미래 어떤 시점에서든 물건을 구매할 수 있기 때문에 사람들은 화폐를 보유하려고 한다.

이와 같이 화폐가 가치저장 기능을 가지게 되고 화폐와 유사한 다양한 유가증권이 생길 경우, 화폐와 물가의 비례관계를 설정하고 있는 화폐수량설적 사고방식으로서만 현실 경제를 분석하려는 것은 타당하지 않게 된다. 이러한 환경적 변화에 따라 화폐수량설의 문제점을 지적하면서 관리통화제도의 가능성을 본격적으로 제시한 최초의 사람은 영국의 헨리 쏜톤Henry Thornton, 1760-1815이라고 생각된다. 쏜톤은 은행업에서 두각을 나타냈으며 30여 년간 국회의원으로서 활동했다. 그는 1810년 영국 의회가 물가폭등의 원인을 조사하기 위해 설치한 뷸리온위원회Bullion committee에서 활약한 바 있다. 여기서 뷸리온bullion이란 말은 '금괴'를 말하며, 이 단어는 지금地金이라고 번역되고 있다.

당시 영국은 나폴레옹과 전쟁을 치르고 있었으며 여러 가지

경제적 어려움을 겪고 있었다. 이 중 하나는 1797년 2월에 시행된 금태환 정지 조치였다. 은행에서 지폐를 금화로 바꿔주지 않아도 되게 되면서, 그 이후 폭등한 물가가 잉글랜드은행Bank of England이 은행권을 과도하게 발행했기 때문이라는 인식이 퍼져나가게 되었다. 그런데 과연 물가 상승의 원인이 화폐량 증가 때문인지를 둘러싸고 논쟁이 벌어졌다. 이 논쟁을 지금논쟁The Bullion Controversy이라고도 하는데, 많은 경제학자들이 화폐량 증가가 물가 상승의 주요 원인이라고 지적하였다. 이에 비해 현장 경험이 풍부한 쏜톤은 물가 상승의 요인으로서는 흉작과 같은 생산비 증가도 있으며, 화폐량 증가는 물가 상승에 따라 부수적으로 생긴 것이라고 진단하였다.

이러한 쏜톤의 생각은 이미 1802년에 발간한 『영국 증서신용의 본성과 효과에 관한 탐구』에 잘 나타나고 있다. 여기서 증서신용paper credit이란 금을 제외한 교환의 매개물인 은행권bank notes, 수표, 어음 등을 말한다. 이는 사실상 오늘날 광범위한 의미에서 통화량에 포함되는 것들이다. 쏜톤은 이 책에서 실물거래와 수반된 진성어음real bills만 할인하여 은행권으로 바꿔주는 원칙 하에서는 은행권이 남발된 것이 아니라는 잉글랜드은행 측의 견해를 비판한다. 현실 금융시장에서 진성어음과 가성어음fictitious bills을 구별하는 것은 거의 불가능하다고 생각했다.

이러한 분석을 바탕으로 쏜톤은 잉글랜드은행이 적극적으로 은행권의 가치를 보장하는 최종적인 역할을 해야만 은행제도 전체가 안정적으로 유지될 수 있다고 생각했다. 말하자면 화폐에 대한 신뢰성을 보장하기 위해서 금본위원칙을 고수하기보다는 적극적으로 화폐가치를 관리하는 것이 원활한 경제운영을 위해서 낫다는 것이다.

관리통화제의 도입을 제안한 쏜톤의 생각은 지금위원회의 보고서에 반영되었지만, 이 보고서 자체는 의회 전체에서 채택되지는 않았다. 아마도 신뢰성을 바탕으로 한 정교한 관리통화제도를 받아들이기에는 당시 여건이 갖춰지지 않았기 때문인 것으로 판단

된다. 이 때문에 화폐수량설적 사고에 입각한 보수적 은행운영원리는 19세기 중반에 이르기까지 계속되었으며, 금융제도가 현실경제 변화를 좇아가지 못하는 일이 지속되었다고 말할 수 있다.

화폐중립성 neutrality of money 화폐의 양이 많고 적음이 실물경제에 관련된 변수들인 실질소득, 실질이자율과 같은 것의 크기에 영향을 주지 못한다는 성질.

화폐수량설 quantity theory of money 장기적으로 볼 때 화폐량의 증가는 결국 물가만 상승시키지, 실질소득을 증가시키지 못한다는 주장.

진성어음 real bills 실물거래에 수반되어 발행된 어음.

가성어음 fictitious bills 실물거래 없이 단순히 어음결제를 연장하기 위해서 발생된 어음.

기업이란 조직은 왜 생겼을까?

기업은 왜 존재하는가? 뜬금없는 이 질문에 대한 답은 그리 쉽지 않다. 우리 경제에서 활동하는 중요한 경제주체 중 소비의 주체인 가계와 정책담당자인 정부가 발생한 요인에 대해서는 비교적 쉽게 설명할 수 있다. 가계는 혈연과 문화의 산물로, 정부는 합의에 의해서든 특정 집단의 이익 때문이든 강제력의 산물로 이해된다. 가계나 정부에 비해 기업의 발생 원리는 설명하기가 그리 쉽지 않다.

물론 통상적으로 개인적으로 생산하는 것보다 여럿이서 생산하는 것이 유리하기 때문에 기업이란 조직이 나온 것이라고 말할 수 있다. 공동생산이 유리한 것은 분업과 협업의 결과일 것이므로 각각에 대해서 따져보고, 과연 공동생산의 이익이 기업 발생을 잘 설명하는지 생각해 보자.

우선 분업에 대해서 생각해 보자. 작업 과정을 세분화해서 분업을 하면 생산성이 향상된다는 것은 쉽게 알 수 있다. 아담 스미스도 "분업을 하면 숙련도가 증진되고, 작업시간이 단축되며, 작업 과정의 단순화로 기계 도입에 유리해진다"라고 분석한 바 있다. 그런데 여기에서 유의해야 할 것이 있다. 분업을 하면 생산성이 올라간다는 것이지, 한 기업 내부에서 반드시 분업을 해야 한다는 것은 아니라는 것이다. 원료구입단계, 원료가공단계, 부품생산단계, 조립단계 등 각 단계별로 각기 다른 기업이 담당할 수 있기 때문이다. 분업을 통해 새로운 직업이 생기듯이 분업은 각기 다른 업무를 하는 생산자를 만들어 내는 요인이지, 직접적으로 기업조직을 만들어 내는 요인은 아니다.

그렇다면 같은 일을 여러 명이 함께 하는 협업의 이익 때문에 기업이 발생했다고 할 수밖에 없다. 물론 무거운 물건을 같이 드는 것처럼 협업의 이익이 있는 것은 분명하지만, 그것이 얼마나 기업조직의 필연성을 설명하는지 불분명하다.

사실 비슷한 기술적 여건 하에서도 다양한 크기의 기업이 존재하고, 기업마다 사업의 범위가 다양한 것을 보면, 분업이나 협업과 같은 기술적 요인으로만 기업의 존재를 설명하려는 시도는 분명한 한계가 있다.

이러한 질문에 도전하여 기업의 본성에 대해 아주 창의적인 시각을 제시한 학자가 있다. 바로 시카고 대학의 법학대학원에 재직하는 코오즈Ronald Coase, 1910-이다. 그는 1937년에 발표한 「기업의 본성」이라는 논문에서 발상을 거꾸로 하여 기업의 존재 이유에 대해서 접근하였다. 즉 모든 생산이 조직을 통해서 이루어지지 않고 개인이 담당한 후 시장을 통해서 거래하는 방식으로 수행한다면 어떻게 될까라고 질문했다. 물론 생산 장소는 다른 곳에서 할 수도 있고, 한 장소에 모여서 할 수도 있겠지만, 생산 단계별로는 각각 거래를 통해 생산을 수행한다면 생산 자체는 가능하다.

그런데 원료 구입부터 조립까지 각 단계별로 개별생산자가 생산한 것을 거래하는 방식으로 생산 과정이 이루어진다면, 문제가 발생한다. 가장 큰 문제는 시장을 통한 거래도 비용을 발생시킨다는 것이다. 즉 물건을 사고팔 때, 물건에 대한 정보를 탐색하고 가격에 대해 협상하며, 계약을 체결하고 계약을 이행하도록 하는데 비용이 발생한다. 이러한 비용을 코오즈는 거래비용transaction cost이라고 불렀다.

만약 시장거래에 계약과 관련된 거래비용이 존재한다면, 모든 생산 활동을 시장거래를 통해서 수행하면 효과적이지 않다는 것

협업의 이익이 단순히 기술적인 측면에서 뿐만 아니라
인간관계 네트워크에 의해서 생기기도 한다.
예를 들어 조직문화 형성을 통해
동기가 발생하기도 하고, 시너지효과를 만들어
생산성을 높이기도 한다.

을 알 수 있다. 이렇게 하기보다는 일정한 단계를 모두 포괄해서 한 회사에서 내부통제를 통해 생산하는 것이 비용이 적게 들 가능성이 있다. 즉 해당 생산담당자에게 미리 정해진 소득을 보장하는 대신 상호간 신뢰를 형성하여 물건을 검수하거나 확인할 필요 없이 조직 내에서 생산하는 것이 더 효과적이다. 말하자면 기업조직이란 시장거래를 통해 생산하는 것이 비용이 많이 들고 불편해지는 데 대해서 대응책으로 개발된 것이라는 것이다.

물론 그렇다고 해서 기업조직이 무한정 커지면 조직관리비용도 증가하기 때문에 시장거래비용과 조직관리비용의 크기를 비교하여 적절한 수준까지 생산의 범위scope를 정한다는 것이 코우즈의 주장이다. 이 주장에 대해 상당수 경제학자들은 현실설명력이 높은 것으로 받아들이고 있다. 예컨대 경제개발 초기에는 시장이 잘 발달되지 않아서 소위 재벌기업이 여러 사업을 벌이게 되지만, 시장이 커진 다음에는 주변적 업무는 외주outsourcing를 통해서 하고 본사는 핵심적 업무에 집중하는 현상을 잘 설명한다.

이러한 코우즈의 주장은 경제학의 한 분야를 개척한 것으로 높이 평가되고 있다. 하지만, 과연 그의 설명은 기업의 존재 이유를 완벽히 설명하는 것일까? 이에 대해서 조직이론가들은 몇 가지 점에서 회의적이다. 우선 창업과 관련하여 경험적으로 볼 때 기업가가 계산된 행동에 의해 거래비용과 조직관리비용의 대소를 비교하여 조직을 만든다는 설명에 대해서 너무 기계적인 면이 있다. 사실 인간은 불확실한 상태에서 새로운 사업을 할 때 자신의 의사를 인정받을 수 있는 동료집단을 필요로 한다. 물론 사업에 성공하여 시장에서 돈으로 승인을 받으면 되지만, 초기 단계에서는 주변 인물에 의한 사회적 승인이 긴요하다. 다음으로 협업의 이익이 단순히 기술적인 측면에서 뿐만 아니라 인간관계 네트워크에 의해서 생기기도 한다. 예를 들어 조직문화 형성을 통해 동기가 발생하기도 하고, 시너지효과를 만들어 생산성을 높이기도 한다.

요컨대 인간은 사회적 동물로서 조직을 통해서 새로운 일에 도전하고 동기를 부여 받게 되는 측면이 있다. 역사적으로 보아 시장경제 이전이라 하더라도 생산은 공동체라는 조직을 통해서 이루어져 왔다. 이러한 생산조직 중에서 시장경제 발생 이후 비용을 잘 계산하는 경영체가 살아남게 되었다고 볼 수 있다.

코우즈와 조직이론가의 대조적인 견해 중 어떤 것이 더 설득력이 있을까? 물론 기업의 복합적인 성격 때문에 그 답은 그때그때 나를 수밖에 없다. 다만 기업의 이러한 양면성을 잘 이해해야만 훌륭한 경영자가 될 수 있으며, 아울러 기업하기 좋은 환경도 만들 수 있음을 주목할 필요가 있다.

외주 outsourcing 기업의 특정한 업무 또는 활동을 외부 기업에 위탁하여 생산 활동을 운영하는 것을 말함. 기업 규모가 커지면서 생기는 비효율을 방지하기 위해서 기업의 핵심적 업무는 직접 담당하되 부수적 업무는 다른 기업에 맡기는 경영상 변화가 일어남.

거래비용 transaction cost 시장에서 물건을 사고파는 거래를 할 때 재화 자체의 가격 외에 거래를 성립시키기 위해서 수반되는 비용으로, 탐색, 협상, 계약체결 및 이행을 위해서 들어가는 비용을 말함.

조직비용 organization cost 조직 활동을 운영하기 위해서 인력과 시스템 관리에 들어가는 비용.

부자들이 로또를 사지 않는 이유

우리나라에서 가장 인기 있는 복권인 로또에서 1등에 당첨될 확률은 814만 5천분의 1 정도라고 한다. 또 이 복권은 판매금액의 50%를 상금으로 돌려주므로, 만원어치를 사면 평균적으로 5천원을 타가게 되는 셈이다. 수학적으로 표현하면, 만원을 내고 로또라는 확률게임에 참여한 사람이 얻을 수 있는 상금의 수학적 기대치는 5천원이라고 할 수 있다.

이와 같이 뻔히 손해볼 것을 알면서도 복권을 사는 심리는 무엇 때문일까? 그것은 1등 상금액수가 커서 상금을 탔을 때 얻을 수 있는 이익에 대해서 심리적으로 과대평가하기 때문이라고 말할 수 있다. 그렇다면 상금액이 크면 무조건 그 심리적 이익을 과대평가하는 사람이 많은 것일까? 좀 복잡하지만 다음과 같은 게임의 예를 생각해 보자.

동전을 던져서 앞면이 나와 버리면 바로 끝나는 게임이 있으며, 이 게임에서는 앞면이 첫 번째 나오면 2원을 주고, 두 번째 나오면 2의 제곱, 즉 4원을, 세 번째 나오면 8원을, 네 번째 나오면 16원을 주는 식으로 상금이 정해져 있다고 하자. 물론 이 게임에서 앞면이 계속 안 나오면 게임은 계속되어 상금은 굉장히 커지게 된다. 만약 이 게임의 참가금이 100만원이라면 당신은 참여하겠는가?

사람에 따라 다르겠지만, 상당수 사람들이 참여하기를 주저할 것이다. 왜냐하면 상금은 무한히 불어날 수도 있지만 그 확률이 너무 작아서 100만원씩이나 되는 확실한 돈을 참가비로 내고 손해를 볼 사람이 많지 않을 것이기 때문이다. 그런데 역설적으로 이 게임의 수학적 기대치를 계산해 보면, 그 값은 무한대라는 것을 알 수 있다.

그 계산을 간단히 해보면, 첫 번째 앞면이 나와 바로 게임이 끝날 확률은 2분의 1인데 상금은 2원을 주므로 평균적으로 1원을 탈 수 있다고 평가된다. 다음으로 첫째는 뒷면, 둘째는 앞면이 나와 게임이 끝나는 경우는 확률상 4분의 1인데 상금은 4원이므로 기대치는 역시 1원이다. (뒷면, 뒷면, 앞면)의 경우는 확률은 8분의 1인데 상금은 8원이므로 기대치도 1원이다. 이런 식으로 모든 경우를 합하면 (1+1+1+1+…)이 되고, 1을 무한개 합치면 그 값은 무한대가 된다. 말하자면 몇억 원을 주고서라도 참여하면 평균적으로 돈을 무한정 딸 수 있는 게임에 100만원만 내고 참여하라고 해도 참여할 사람이 많지 않은 역설적 상황이 생긴다.

이 게임은 스위스의 수학자 다니엘 베르누이Daniel Bernoulli, 1700-1782가 소개했으며, 불확실성 하의 모순적 행동들을 연구하는 데 시발점이 되었다. 베르누이는 수학자 집안에서 태어났으며, 그 자신은 수학자 오일러Euler와 어릴 때부터 친구였다. 위에 소개된 게임은 사촌 니콜라스 베르누이가 제안한 것이다. 이 게임에 대해 설명한 논문을 다니엘 베르누이가 1738년에 재직하던 페테르스부르크 대학에서 나오는 잡지에 싣게 되면서 이 게임을 "페테르스부르크의 역설St. Petersburg's paradox"이라고 부른다.

다니엘 베르누이는 사람들이 불확실한 상태에서 객관적으로 사물을 평가하여 단순한 산술평균에 따라 행동하는 것이 아니라, 이익과 손해를 주관적으로 평가하여 가중평균을 사용한다고 생각했다. 좀 더 구체적으로 베르누이는 사람들의 주관적 평가함수는 로그함수 모양을 가져서 상금액이 커지더라도 주관적 평가금액은 아주 미미하게 증가하는 형태를 띨 것이라고 생각했다. 이 추정에 따라 계산하면 "페테르스부르크 역설" 게임의 주관적 평가금액은 약 2원 50전 정도밖에 되지 않는다. 베르누이에 따르면 아무리 상금이 크더라도 주관적 평가금액이 2원 50전 정도밖에 되지 않는 게임을 100만원 내고 참여하라고 했으니, 참여할 사람이 많지 않다는 것이다.

그렇다면 이제 아주 큰 의문이 생긴다. 앞의 로또 게임에서는 사람들이 상금액을 과대평가하여 손해인 줄 알면서 참여했는데, 뒤의 베르누이의 게임에서는 반대로 상금액을 과소평가하여 평균적으로 이익인 게임에 참여하는 사람이 많지 않을 것이라니 완전히 반대가 아닌가? 경제학에서는 이는 사람들의 주관적 평가이므로 그럴 수도 있다고 생각하고 있다. 이에 따라 앞의 유형을 위험한 상황을 스스로 선택한다고 하여 "위험선호적risk-loving"이라 말하고, 뒤의 유형을 "위험기피적risk-averse"이라고 분류한다.

다음 질문은 "위험선호적" 유형인 사람들과 "위험기피적" 유형의 사람들이 각기 따로 있는 것일까 하는 것이다. 즉 불확실한 상태에서 공격적인 행동을 하는 사람은 일관되게 공격적인 선택을 하고, 조심스런 사람은 계속 위험을 피하는 선택을 하는 것인가? 이 문제에 대한 답은 비교적 최근에야 내려졌다. 심리학자

전망이론에 따르면, 사람들이 어떤 기준 상태를 중심으로
현재 그보다 상태가 낫다고 생각하면 "위험기피적"이 되고,
그보다 못하다고 생각하면 "위험선호적"이 되는
행동을 하는 것을 정상적이라고 본다.

카네만과 트버스키Kahneman and Tversky는 1979년에 발표된 공동연구를 통해 대부분의 사람들은 두 가지 성향을 다 가지고 있다는 것을 밝혀냈다. "전망이론prospect theory"이라고 명명된 이들의 이론에 따르면, 사람들이 어떤 기준 상태를 중심으로 현재 그보다 상태가 낫다고 생각하면 "위험기피적"이 되고, 그보다 못하다고 생각하면 "위험선호적"이 되는 행동을 하는 것이 정상적이라는 것이다.

이 이론을 쉽게 풀이하면, 여유가 있다고 생각하면 "부자 몸조심"을 하여 위험기피적이 되고, 원금을 회복하는 절박한 상태라고 생각하면 공격적이 된다는 것이다. 따라서 왜 스스로 여유가 없다고 생각하는 사람들이 평균적으로 손해가 되는 복권을 많이 사고, 반대로 상대적으로 여유가 있다고 생각하는 사람들은 보험을 드는지 알 수 있다. 그리고 집단 수준에서 지나치게 공격적이지도 지나치게 보수적이지도 않게 되기 위해서는 여러 성향의 사람들이 잘 어울려 의사결정 과정에 참여해야 한다는 교훈도 얻을 수 있다.

위험선호적 risk-loving 확률적인 평균치로 볼 때 더 손해일 가능성이 있는 모험적인 경우임에도 불구하고 높은 수익을 노리고 참여할 가능성이 큰 마음 상태.

위험기피적 risk-averse 평균적으로 볼 때 이익이 될 가능성이 큼에도 불구하고 손해보는 쪽을 더 높게 평가하여 조금 위험한 경우에 참여하지 않으려는 태도.

전망이론 prospect theory 확률적으로 정해지는 상황에 대해서 단지 확률적 기대치를 갖고 평가하는 것이 아니라, 자신의 현재 처지를 판단하여 일정 수준 이상이라고 판단하면 위험기피적으로, 반대로 일정 수준 이하라고 판단하면 위험선호적으로 엇갈리게 행동할 수 있다는 가설.

02

알고 보면 재미있는 경제원리

변해야 보이는 경제

성숙하지 못한 경제 인식 | 변화 속의 생존 전략? | 경제성장, 축복인가 재앙인가?

토지세로 부동산 값을 잡을 수 있나? | 시간은 돈인가? | 아는 것이 힘?

성숙하지 못한 경제 인식

몇 년 전 한 외국인 은행장은 "한국 경제의 가장 큰 문제는 경제가 성장한 만큼 국민 의식은 성장하지 못한 것"이라고 말했다. 이 말은 정말 타당하다고 생각된다. 청소년기에 몸이 자란 것만큼 판단력이 따라오지 못하여 갈등을 겪는 것처럼, 우리 경제 문제의 많은 부분은 현실 변화에 걸맞는 인식이 없는 데서 생긴 것으로 볼 수 있다.

그렇다면, 현실 변화를 좇아가지 못하는 정신적 지체를 어떻게 이해해야 할까? 사회 전체의 지식 수준과 개인의 인식 수준의 관계를 파악하는 데는 진화론적 시각이 필요하다. 생물학에서 통상 "개체 발생은 계통 발생을 반복한다"라는 말이 있다. 태아의 발달 과정이 전체 종의 발달 과정과 유사하다는 이 명제가 타당한지는 논란이 있겠으나, 경제 인식의 발달에는 어느 정도 적용된다. 과연 그런지 생각해 보기 위해 고대로부터 경제 문제를 인식하게 된 계기를 간추려 대체로 5단계로 나누어 보자.

우선 인간의 욕망에 비해 필요한 자원이 부족하므로 자원을 아껴서 잘 써야 한다는 인식이다. 욕망에 비해 자원이 부족한 것은 사실 인류의 탄생부터 시작되었으며, 경제학의 가장 기초적인 개념인 희소성이다. 이 때문에 부족한 자원을 효과적으로 써야 함은 당연한 생활의 지혜가 되었다. 영어에서 경제economy란 말은 그리스 어 가계oikos와 규율nomos의 합성어에서 나온 말이다. 집안 살림을 잘 꾸려가는 방식이 바로 경제이다. 중국의 한비자도 "물이 풍부한 계곡에서는 물 인심이 후한 반면, 부족한 산에서는 야박해진다"라고 말한 바 있다.

다음으로 상대적으로 풍부한 물건을 가지고 부족한 물건과 바꾸는 교환이다. 교환 행위는 원시공동체 간에도 발생한 것으로 보이는데, 그래도 이것이 빈번하게 일어난 것은 문명이 발달한 이후라고 생각된다. 특히 화폐가 발생한 것은 더욱 교환을 촉진하는 계기가 되었다. 이에 따라 재화 간의 교환비율을 설명해야 하는데, 그리스철학자 아리스토텔레스는 가격이 재화의 효용성과 관련이 있음을 갈파한 바 있다. 교환이 활성화되면서 시장의 움직임에 대한 관심이 생겼고, 어떤 물건의 가격이 사는 쪽인 수요와 파는 쪽인 공급의 양측에 의해 결정된다는 점도 분명히 깨닫게 되었다.

그렇지만, 남은 물건을 우연하게 교환하는 것을 넘어서 교환을 위해서 체계적으로 특정한 물건을 집중적으로 생산하는 것은 고대에서는 흔하지 않았다. 이러한 직업의 분화 그리고 이러한 분업의 효과에 대한 인식은 근대 초기가 되어서야 생겼다. 시장이 확대되면 분업이 진전되고, 분업 증대는 생산성을 향상시킨다는 인과관계는 아담 스미스의 『국부론』에서 최초로 본격적으로 탐구되었다. 이것이 바로 경제 인식면에서 한 단계 도약을 가져온 셋째 계기라고 할 수 있다. 즉 교환은 바로 상호이익이 되는 윈-윈win-win 게임이라는 것, 그 혜택을 참여자 모두가 얻을 수 있다는 것, 그리고 이 때문에 인간의 자발적 선택의 결과 시장이 생겼다는 것을 깨닫게 된 것이다.

넷째로 경제 인식이 풍부해진 것은 1870년대를 전후하여 시장의 다면성에 대해서 이해한 것이다. 당시 경제이론가들은 한 재화시장의 움직임을 가지고 전체를 이해하려고 한 데서 벗어나, 여러 재화시장의 변화를 동시에 관찰하려고 노력했다. 그 결과 재화시장 간의 상호작용뿐만 아니라, 시장에 참여하여 소득을 올리는 요인이 되는 각종 요소에 주어지는 대가인 임금이나, 이자도 결국 최종소비재를 구매하는 소비자가 지불하는 돈에서 파생된 소득이라는 인식을 뚜렷이 갖게 되었다. 즉 시장을 보는 시각을 더욱 날카롭게 하면, 근로자의 임금은 기업이 주는 것이 아니라 소비자가 주는 것이라는 점을 깨달을 수 있다는 것이다.

다섯째 경제 인식의 변화 계기는 1930년대 세계대공황 전후의 기간이다. 이 기간 중에는 불확실성의 중요성을 깨닫게 되어서, 경기변동이나 투자행동에 대해서 심각하게 생각하게 되었다. 즉 개인들이 그다지 합리적이지도 않으며, 설사 개인이 합리적이라 하더라도 전체적인 조정이 매끄럽게 되진 않을 수도 있다는 점을 알게 된 것이다.

이렇듯 희소성, 교환, 분업, 다면성, 불확실성이라는 5단계로 이어지는 경제 인식의 발전 과정은 개인의 사회생활 적응 과정에서도 나타날 수 있다. 즉 1단계로 가정생활에서 물건을 아끼자는 덕목을 배우는 데서 시작하여(희소성), 다음 용돈으로 물건을 사고(교환), 그 다음 직업을 선택하는(분업) 식으로 단계별 학습이 나타난다. 풀어서 설명하면, 3단계에서는 자신이 종사하는 부문에서 가격 동향과 업무를 잘 하는 수준이며, 4단계에서는 시장의 총체적 움직임을 이해하여 전략적 판단을 하는 수준이고, 5단계에서는 미래 불확실에 대비하는 준비를 하는 수준이라고 생각된다. 그런데 개인이 경제생활을 해가면서 별다른 학습을 하지 않을 경우 대체로 3단계 시장가격의 형성까지 인식할 수 있지 않나 생각된다. 여기에 더하여 경제지식에 대한 체계적인 학습을 하면 4-5단계로 나아갈 수 있다고 생각된다.

이러한 단계별 구분 기준에 비추어 볼 때 선진국의 경우 상당수 사람들이 5단계 정도까지 이해하는 데 비해서 우리나라 사람들은 3단계를 갓 넘은 정도가 아닌가 생각된다. 문제는 이러한 인식상의 발달장애가 경쟁력 저하의 원인이 되고 있다는 점이다. 자유무역협정에 대한 반대 주장이나, 시장을 불안하게 하는 발언을 서슴없이 하면서 기업투자가 안 된다고 불평하는 것은 바로 미발달된 경제 인식이 표출된 것으로 볼 수 있다.

성숙하지 못한 경제 인식은 어디에서 오는 것일까? 대체로 그것은 영어 두문자 'I'로 시작하는 세 가지 요인에 의해서 생긴다. 즉 경제지식을 학습하지 않게 된 데서 오는 무지ignorance, 자신의 이익 때문에 알면서도 억지주장을 하는 이해관계interest, 그리고 경쟁을 기피하고 공동체적 편안함에 안주하려는 회귀본능instinct이 바로 그것이다. 본능적인 요인이나 이해관계라는 요인은 어쩔 수 없다 하더라도 적어도 경제교육에 의해서 개선되는 문제라도 적극적으로 해결하려는 노력을 기대해 본다.

경제 economy 인간의 생존을 위해서 필요한 소비, 생산, 분배와 같은 활동을 영위하는 행위 또는 그 방식을 말함.

희소성 scarcity 인간의 욕망은 무한한 데 비해서 이를 달성할 수 있는 수단인 자원은 상대적으로 적어서 발생하는 문제.

분업 division of labor 생산 과정에서 기술적인 단계에 따라 작업을 다른 사람이 하는 상황, 또는 그 결과 직업이 분화되어 다른 직종이 생기는 현상.

변화 속의 생존 전략?

"제조업을 유지하는 것은 돈을 돌아오게 하기 위한 것이며, 국가와 우리들이 필요로 하는 것을 지불하는 데 쓴 금액 때문에 빈 것을 채우기 위한 것이다. …… 나는 국가의 위대성과 힘의 차이를 만드는 것은 국가가 가진 돈의 풍부성만이라는 원리에 쉽게 동의가 생기리라고 확신한다."

17세기 프랑스의 대표적 중상주의자 꼴베르J. Colbert, 1619-1683의 글이다. 그의 이러한 주장에 많은 사람들이 고개를 끄덕일 것이다. 혹시라도 누군가 이 글 내용에 트집을 잡는다면, 대부분의 정치가, 나아가 애국심이 조금이라도 있는 국민들은 의아하게 생각할 것이다.

그렇지만 만약 국내 제조업을 유지하고 그를 통해 번 돈으로 외환보유고를 늘리기 위해 국가가 할 수 있는 모든 방법을 동원한다면 어떤 일이 벌어질까? 그리고 어떤 한 나라의 제조업들이 모두 다른 나라에 비해서 경쟁력을 갖추어 세계시장에서 돈을 싹 쓸어 담는 일이 가능할까?

이러한 문제에 답하기 위해서는 서양 절대왕정에서 어떤 경제정책이 행해졌고, 그 효과가 어떠했는지 살펴볼 필요가 있다. 유럽은 15세기말부터 18세기 중반까지 대체로 절대왕정체제를 가지고 있었고, 이 당시 경제정책은 상업적 거래를 중시한다는 점에서 중상주의mercantilism라고 불린다. 중상주의는 대체로 세 단계를 거쳐 그 형태를 바꾸어 나갔다.

첫째는 초기 정책으로서 중금주의라고 부를 수 있는 단계였다. 이 단계에서는 부의 원천이 금을 최대한 확보하기 위해서 한 상품에서라도 거래차액을 높이는 데 노력을 기울였다. 예를 들면 영국에서는 외국상인이 영국에 상품을 판매하여 얻은 수입을 모두 영국 상품을 사는 데 써야 한다는 조례를 제정하기도 했다.

둘째는 일반적인 무역차액을 높이기 위해서 노력하는 단계로서 무역차액주의라고 부를 수 있다. 즉 전체 상품에서 수출액이 수입액을 초과하여 국제수지 면에서 흑자를 보는 방책이 강구되었다. 이 당시 대표적 사상가인 토머스 먼Thomas Mun, 1571-1641은 인도에서 향료를 사서 유럽에 파는 중개무역을 통해서 차액을 얻을 수 있으므로 동인도회사가 수입 업무를 확대하는 것이 전체 경제에 나쁘지 않다고 생각했다.

셋째는 전반적인 제조업을 육성하기 위해서 노력하는 단계로서 자국산업보호주의라고 부를 수 있다. 앞서 언급된 꼴베르 시대 프랑스에서는 국내 산업을 길드체제에 묶어 특정인만이 사업에 종사할 수 있게 하였으며, 저임금을 유지하기 위해 곡물 수출을 규제하였다.

유럽 각국이 취한 이러한 정책의 결과는 어떠했을까? 어느 정도 제조업이 육성되고 무역 규모가 커지면서 자본주의 체제가 도입되는 데 유리한 조건이 형성된 것은 사실이다. 그렇지만 그 폐해도 만만치 않았다. 정부의 특혜에 의해 산업이 육성됨으로써 자원배분 면에서 비효율성이 나타났다. 출발 당시에는 괜찮았다 하더라도 독점체제가 고착되면서 수익성이 사라진 사업도 계속 유지되는 병폐가 나타났다.

이 때문에 중상주의에 대해 많은 경제학자들은 부정적으로 평가하고 있다. 경제학의 아버지라고 불리는 아담 스미스는 자신의 책 『국부론』1776에서 중상주의를 혹독하게 비판하고 있다. 즉 중상주의 하에서 일부 생산자의 이익 때문에 "소비자의 이익이 희생되었을 뿐 아니라 기타의 생산자들의 이익도 크게 희생되었다"(김수행 역, 『국부론』 하권, 158쪽)라고 말하고 있다.

나아가 현대경제학에서 정부의 경제적 행동을 분석하는 공공선택론의 대가 튤록Gordon Tullock과 같은 사람은 중상주의 사회 전체가 '지대추구의 사회'였다고 평가하고 있다. 즉 인위적으로 규제를 만들어 독점 이익을 추구하려는 사회였다는 것이다. 공공선택론에 따르면, 인위적으로 만들어진 독점은 기술적 이유에 의해 자연적으로 발생한 독점보다 그 폐해가 크다. 왜냐하면 인위적으로 독점을 만들기 위해서, 예상되는 독점 이윤의 상당 부분이 사전 로비활동으로 낭비되기 때문이다.

이러한 부정적 평가에 대해서 중상주의의 긍정적 측면이 너무 소홀하게 취급되었다고 보는 사람도 있다. 대표적으로 1930년대 세계대공황을 이론적으로 해명한 영국 경제학자 케인스는 무역흑자를 통해 금을 축적하려는 중상주의적 정책이 투자활성화에 도움이 되었다고 평가한다. 즉 화폐량이 증가하고 이자율이 낮아져서 국내투자가 증가할 뿐만 아니라, 국제수지 흑자를 바탕으로 해외투자도 가능하다는 것이다. 아울러 19세기 중반 대부분의 독일 경제학자들은 중상주의 정책이 국내시장을 형성하는 데 도움이 되었다고 평가한다.

정부 지원 속에서 자란 기업은 변화된 환경에서
적응력이 떨어진다는 것이 외환위기 과정에서
극명하게 드러나고 말았다. 변화하는 경제 환경에서
영원히 유효한 체제와 정책은 없으며, 변해야 산다는
진화적 사고가 필요하다.

중상주의에 대한 평가는 엇갈리고 있지만, 중상주의 정책이 지속적으로 효과를 본다는 경제학자는 별로 없다. 그 이유는 수출을 많이 해서 외화가 들어오면 화폐량이 늘어나서, 결국 물가가 오르고 수출이 둔화되어 국제수지 흑자가 계속 유지되기는 힘들기 때문이다. 말하자면 중상주의 정책은 자신들이 원하는 목표를 달성하는 결정적 정책 수단이 아닐 수 있다는 것이다. 이와 같은 목표와 수단의 불일치 가능성을 '중상주의 딜레마'라고 부른다.

우리나라의 경우 경제개발 초기에서 1980년대 중반까지 대체로 중상주의 정책기조를 많이 받아들였다고 보인다. 이렇다 할 산업이 없는 상태에서 불가피한 정책이었다고 보이지만, 정부 지원 속에서 자란 기업은 변화된 환경에서 적응력이 떨어진다는 것이 외환위기 과정에서 극명하게 드러나고 말았다. 변화하는 경제 환경에서 영원히 유효한 체제와 정책은 없으며, 변해야 산다는 진화적 사고가 필요하다.

공공선택론 public choice theory 국가나 집단의 정치적 선택 행위를 선택하는 개인들의 경제적 이익의 산물로서 합리적으로 분석하려는 이론적 접근법.

중상주의 딜레마 the Mercantilist dilemma 중상주의의 정책목표인 금 화폐를 더 확보할 경우 국내 물가가 상승하여 수출이 불리해지고 수입이 증가하여 원래 의도했던 금 확보가 어려워지는 모순적 상황.

경제성장, 축복인가 재앙인가?

2007년 4월, 유엔 산하 정부 간 기후변화위원회(IPCC)는 '지구온난화보고서'를 발표했는데, 그 내용은 자못 충격적이다. 이번 세기말 지구의 평균 온도가 최대 5도까지 올라갈 경우 해수면이 50센티미터 상승하고 해안의 30퍼센트가 침수하여 매년 100만 명 이상이 홍수 피해를 겪게 될 것이라는 내용이다. 이러한 환경 변화에 따라 생태계도 이상을 일으켜 동식물의 30퍼센트가 멸종 위기를 맞게 되며, 질병 · 영양 결핍 · 식량 부족이 발생할 것이라고 예견하고 있다.

이러한 경고에 대해 막연히 다음 세대의 일이라거나 열대 지역의 일로 치부하기에는 경고의 내용이 엄중하다. 최근 30년간 세계적으로 견실한 경제성장이 이루어져 왔다는 경제전문지들의 보도들을 무색하게 하는 이러한 경고를 어떻게 받아들여야 할까?

사실 근대 이후 경제가 빠르게 상승하면서 과연 인류의 경제생활 방식이 지구생태계와 잘 어울려져 지속 가능한 상태를 이루고 있는가에 대해서 걱정이 이어져 왔다. 특히 이에 대한 관심은 성장이 더 잘 진전될 때마다 커졌다. 과거 생활방식의 변화가 미미할 정도로 이루어지다가 한 세대 내에 경제가 두 배 이상 성장하며 환경이 변화하는 것을 눈으로 보면서 생기는 일일 것이다.

아마도 경험적 근거를 통해 이 문제를 최초로 탐구한 책은 1798년에 발간된 맬더스Thomas Robert Malthus, 1766-1834의 『인구론 *An Eessay on the Principle of Population*』이라고 생각된다. 맬더스는 몇 가지 통계적인 조사를 바탕으로 아무런 억제 요인이 없다면 가장 천천히 증가한다 해도 인구는 25년마다 2배씩 증가한다고 보았다. 이렇게 되면 인구는 25년 뒤 2배, 50년 뒤 4배, 75년 뒤 8배, 100년 뒤 16배와 같이 기하급수적으로 증가하게 될 것이다. 이에 비해 식량은 비옥한 토지의 제약 때문에 1,2,3,4,5배 정도로 산술급수적으로 증가하므로, 100년 뒤 인구와 식량의 비는 16 : 5가 되어 극심한 식량 부족을 겪게 될 것이라고 예견하였다.

맬더스는 이러한 격차를 조금이나마 해소하기 위해 결혼을 늦추거나 출산을 억제하는 도덕적 자제를 하지 않는다면, 인류는 재앙을 겪게 된다고 말한다.

"인구에 대한 강제적인 억제는 지극히 다양하게 나타나며, 악덕이든 비참함이든 인간의 자연적 수명을 단축하는 각종 요인을 포함하고 있다. 여기에는 불건전한 직업, 열악한 노동, 극심한 가난, 어린이에 대한 나쁜 영양공급, 과밀한 도시화뿐만 아니라 질병·역병·전염병의 창궐, 전쟁, 기근과 같은 극단적인 상황도 들어간다."

이렇듯 맬더스는 인구 문제로 인해 경제성장의 결과를 낙관할 수 없다고 생각했다. 1790년대 당시 영국의 산업화가 진전되면서 아일랜드 지역으로부터 잉글랜드로 인구가 유입되어 연평균 인구증가율이 10퍼센트에 이르렀으므로, 맬더스의 걱정이 전혀 근거 없는 것은 아니었다. 다행히 농업생산력이 개선되고 인구증가율이 둔화되면서 맬더스의 예견은 미래에 대한 틀린 예측의 대표적 사례로까지 언급되고 있을 정도가 되었다.

물론 당시 영국에서도 생활환경도 개선되고 경제성장에 따른 생활방식 변화에도 어느 정도 적응해 가면서 맬더스의 경고에 대한 관심도 사라지는 듯이 보였다. 그런데 1870년대에 이르자 다시 새로운 형태로 경제성장의 한계에 대해서 문제가 제기되었다. 이번에는 자원 문제였다. 뛰어난 경제학자이며 통계학자였던 제본스 William Stanley Jevons는 1865년 『석탄문제 *The Coal Question*』란 책을 통해 석단자원에 의존하는 영국 경제가 계속 성장할 수 있는지 의문을 제기했다. 그는 연간 3.5퍼센트씩 증가하는 석탄 소비량을 감안할 때, 영국의 석탄은 반세기 내에 고갈될 것이며, 고갈되기 이전에도 땅 속 깊은 곳에 묻힌 석탄을 채굴해야 하기 때문에 비용이 상승하여 경제성장은 둔화될 것이라고 예상했다. 또한 석탄을 수입하는 것도 비싼 수송비 때문에 효과적인 해결책이 되지 못할 것이라고 판단했다.

그런데 흥미롭게도 제본스가 석탄 소비량과 채굴량을 계산하면서 맬더스와 마찬가지로 "같은 종은 같은 환경에서는 기하급수적으로 수가 늘어난다"라고 전제하고 있다는 점이다. 이러한 폭발적인 소비량 증가에 대처하기 위해서 제본스는 경제성장을 멈추거나 느리게 할 것을 촉구하고 있으며, 구체적인 정책으로 정부 재정 규모를 줄이기 위해 세금을 국가 채무를 갚는 데 쓰라고 제안하고 있다. 이러한 제안은 당시 재무장관이었던 글래드스톤Gladstone이 1866년에 행한 의회연설에도 반영된 바 있다. 물론 제본스의 예측은 석유나 천연가스와 같은 대체연료의 광범위한 활용으로 인해 다행스럽게 빗나가게 되었지만, 중화학공업화가 잘 진전되던 때에 제기된 것임을 주목해 볼 만하다.

20세기 들어 두 차례의 세계대전과 세계대공황으로 인해 성장의 폐해를 우려하는 목소리는 잠잠해지고 있었는데, 경제성장이 잘 되고 있던 1960년대 말 또 다시 경고의 목소리가 나오게 된다.

역사상 최초로 제한되지 않는 물질적 성장의
비용을 탐구하고 성장을 계속하는 것에 대한
대안을 탐색하는 것이
필수불가결하게 되어 가고 있다.

10개국에서 온 30명의 학자들이 1968년에 모여 만든 로마클럽의 보고서가 그것이다. 이들은 1972년에 발간된 『성장의 한계』란 책에서 인구, 식량, 지하자원, 폐기물, 공해 등에 대해서 종합적으로 분석한 후 너무 빠른 성장에 대해서 우려의 목소리를 냈다.

"이제서야 우리는 인구성장과 경제성장의 상호작용을 이해하기 시작하고, 인구와 경제 둘 다 전례 없는 수준에 도달했다는 점을 생각할 때, 인류는 지구의 자원이 한정되어 있고 인류의 존재와 활동에 상한이 있다는 점을 고려할 수밖에 없게 되었다. 역사상 최초로 제한되지 않는 물질적 성장의 비용을 탐구하고 성장을 계속하는 것에 대한 대안을 탐색하는 것이 필수불가결하게 되어 가고 있다."

당시 꽤 주목을 받았던 이들의 목소리가 석유가격 상승에 이은 불황으로 인해 묻혀 버린 이후, 30년 이상이 훌쩍 지나갔다. 2007년에 나온 유엔보고서도 또 안이하게 망각의 무덤에 버려질 것인가? 그렇게 하기에는 기후와 환경의 변화가 심상치 않게 복잡하다. 이제 편리함과 빠름에 익숙한 생활태도를 바꾸거나 적어도 기름을 때서 농사를 짓는 방식은 피하기라도 해야 할 것 같다.

인구법칙 population law 인구는 일정한 기간 동안 1,2,4배씩으로 증가한다고 말한 영국 경제학자 맬더스의 주장.

수확체감 diminishing returns 일정한 토지에 투입물을 계속 투입하여 생산할 경우 추가적으로 얻어지는 산출물의 양은 점점 줄어든다는 현상.

지속가능한 성장 sustainable growth 지구 생태환경이나 자원보유량을 감안할 때 지나치게 파괴적이거나 빠르지 않은 정도로 성장하는 정도 또는 그 방식.

토지세로 부동산 값을 잡을 수 있나?

"지대地代가 생산비에 포함되지 않는다고 말하는 것을 삼가는 게 현명하다. 왜냐하면 이 말은 많은 사람을 혼동시키기 때문이다. 반면 지대가 생산비에 포함된다고 말하는 것은 사악하다. 왜냐하면 이 말은 미묘한 진리를 부정하는 식으로 적용될 것이 분명하기 때문이다."

이 알쏭달쏭한 글은 19세기말 영국 경제학계를 주도했던 알프레드 마셜Alfred Marshall, 1842-1924이 동료 경제학자에게 보낸 편지에 나오는 구절이다. 이 구절만으로는 도대체 지대가 생산비에 포함된다는 것인지 포함되지 않는다는 것인지 좀체 이해하기 어렵다. 마셜의 말뜻을 이해하기 위해서는 지대란 무엇이고, 어떻게 결정되는지에 대한 경제학적인 배경지식을 알아야 한다.

지대가 생산비에 포함되는지 여부에 대한 체계적인 설명은 1817년에 발간된 리카도의 『정치경제학과 과세의 원리』에서 정립되었다. 만약 지대가 인건비나 재료비와 똑같은 방식으로 생산비에 포함된다면, 지대가 오르면 생산비가 올라 가격이 올라갈 것이고, 반대로 지대가 생산비에 포함되지 않는다면 지대가 올라가더라도 생산비가 올라가지 않아 가격변동이 없을 수도 있다.

이러한 문제를 분석하기 위해, 리카도는 토지 사용에 대한 대가인 지대가 발생하는 원리로서 이른바 '차액差額지대론'을 제시했다. 차액이란 쉽게 말해 비옥한 토지와 비옥하지 않은 토지 간의 생산성 차이를 말한다. 예컨대 같은 비용을 투입할 경우, 비옥한 토지의 소출(A)은 당연히 비옥하지 않은 토지의 소출(B)보다 많을 것이다. 리카도는 두 토지 간의 소출의 차이(A - B = 차액지대)는 지주地主에게 지대로 납부될 것이라고 보고, 이를 차액지대라고 불렀다.

그렇다면 지대의 크기는 어떻게 결정될까. 리카도는 농산물에 대한 수요가 늘어나 경작하기 어려운 열악한 땅이 경작될수록 지대는 커진다고 생각했다. 생산성이 더 낮은 토지까지 경작될 경우 비옥한 토지와의 생산성 격차는 더 벌어질 것이기 때문이다. 결국 지대가 발생하는 원인은 농산물에 대한 수요와 가격이 증가하기 때문일 뿐, 반대로 지대가 올랐기 때문에 농산물 가격이 올라가는 게 아니라는 분석이다.

리카도의 차액지대론은 지대의 발생을 잘 설명하는 원리로 간주되고 있으며, 이 원리를 바탕으로 "지대가 생산비에 들어가지 않는다"는 주장이 성립된다. 즉 이 명제는 토지를 임대한 사람이 개인적 차원에서 지대를 지불하지 않는다는 것이 아니라, 사회 전체적으로 볼 때 토지생산물이 잘 팔리기 때문에 지대가 올라가는 것이지 지대가 올라서 가격이 오르지 않는다는 인과관계를 설명하려는 것이다.

만약 이 인과관계가 성립할 때, 지대에 대해서 세금을 매기면 어떻게 될까? 답은 상품가격에 아무런 변동이 없으므로 세금은 고스란히 지주가 떠안게 된다는 것이다. 지주가 지대를 덜 받아도 토지를 임대하여 생산하는 사람이 토지생산물에 대한 수요가 줄어들지 않는 한 그 가격을 내릴 이유는 없다. 마찬가지로 지주가 지대를 덜 받은 금액만큼을 정부가 세금으로 뜯어가도 상품의 가격은 변하지 않는다. 토지에 대한 세금이 오른다고 해서 상품가격이 오르는 게 아니기 때문에, 지주는 임대인에게 세금 부담을 전가시킬 수 없다는 것이다.

지주가 지대에 붙는 세금을 임대인에게 전가할 수 없다는 점에 착안해, 리카도는 지대에 세금을 부과하는 것이 가장 바람직하다고 생각했다. 이러한 리카도의 생각을 이어받아, 미국의 언론인 헨리 조지Henry George, 1839-1897는 토지단일세를 주장하였다. 그는 극단적으로 지대를 전부 세금으로 흡수하고, 반대로 그 이외의 대상에 부과되는 세금은 모두 철폐해야 한다고 주장한다. 조지는 자신의 이름을 세상에 알린 『진보와 빈곤』이라는 책에서 "빈곤의 원인은 경제가 성장하면서 희소한 자연자원인 토지에 대한 지대가 급격히 올라가서 임금으로 지불할 몫을 줄이기 때문"이라고 분석하면서, 지대를 전부 세금으로 흡수해 사실상 토지를 공동소유로 할 것을 제안하였다.

헨리 조지의 걱정이 이상한 것은 아니었다. 19세기에 걸쳐서 많은 경제학자들이 "경제가 성장하면서 소득 중에 지대가 차지하는 비중이 높아질 것"이라고 생각했기 때문이다. 하지만 헨리 조지의 해결책은 지나치게 일면적이었다. 그 이유는 모든 지대가 리카도의 차액지대로만 설명되지 않기 때문이다. 리카도의 원리가 적용되려면 가장 열악한 토지에는 지대가 없어서 지대는 모두 차액지대여야 한다는 전제가 필요하다.

그러나 만약 토지가격이 계속 상승할 것이라고 모든 사람이 예상하는 경우에는 아무리 열악한 토지라도 지대를 부과할 수 있다. 마셜은 아메리카와 같은 신대륙에서는 토지가격 상승이 예상되기 때문에 '상품가격이 지대를 결정한다는 원리'(지대가 생

만약 어떤 사람이 토지와 건물의 지대를 몽땅
세금으로 흡수하는 정책을 부동산대책의
근본원리로 삼으려 든다면,
이 대책은 좋은 효과보다 부작용을 크게 발생시킬
가능성이 있다.

산비에 들어가지 않는다는 주장)도 틀릴 수 있다고 지적했다. 그래서 마셜은 지대가 생산비에 들어간다고 말하는 것은 아주 틀리기 때문에 사악한 말이라고 하면서도, 반대로 지대가 생산비에 안 들어간다고 말하는 것도 삼갈 것을 권유하고 있는 것이다. 말하자면 차액지대론이 이론적으로 지대의 중요한 특성을 잘 설명하는 원리지만, 그 가정이 맞지 않는 경우도 현실에서 나타날 수 있다는 것이다.

더구나 지대는 토지의 자연적 성질에 대한 대가만을 말하는 것일 뿐, 토지를 개량하거나 담장을 치거나 하는 등의 토지에 대한 투자의 대가는 아니다. 이러한 투자에 대한 대가는 일반적인 기계나 공장에 대해 발생하는 소득과 같다. 인공적으로 만든 건물에서 발생하는 소득을 토지에서 나오는 지대와 동일시해서는 안 된다는 점은 헨리 조지조차도 인정하는 바였다. 만약 어떤 사람이 토지와 건물의 지대를 몽땅 세금으로 흡수하는 정책을 부동산대책의 근본원리로 삼으려 든다면, 이 대책은 좋은 효과보다 부작용을 크게 발생시킬 가능성이 있다.

생산성 productivity 일정한 투입물에 대해서 생산 과정을 통해 나오는 생산물의 양, 즉 생산량/투입량의 비율.

차액지대 differential rent 토지의 비옥도에 따른 생산성의 차이만큼 토지임대자가 토지소유자에게 납부해야 하는 지대.

시간은 돈인가?

미국 독립선언문을 기초한 벤자민 프랭클린Benjamin Franklin, 1706-1790은 “시간은 돈Time is money.”이라는 명언을 남겼다. 시간을 아껴서 부지런히 일해야 성공할 수 있다는 점을 강조하는 말이다. 최근 경영 관련 서적에는 시간관리의 중요성을 강조하는 책이 많이 출간되고 있으며, 시간관리기법을 지칭하는 “시테크”라는 신조어까지 생겼다.

과연 시간은 돈인가? 그렇다면 그 이유는 무엇인가? 농업 중심 사회에서는 시간을 아껴서 무엇인가를 빨리 한다고 해서 생산성이 더 올라가지 않을 수도 있다. 농작물이 자라서 열매를 맺는 데는 자연적으로 정해진 시간이 있기 때문이다. 그렇기에 무엇인

가 더 빨리 했다고 더 좋다는 보장이 없다. 그에 비해 제조업이 중심이 되는 산업사회에서는 시간을 절약하여 생산하면 생산성이 향상되고, 소비자의 욕구 변화에도 빠르게 맞추어 앞서 나갈 수 있게 된다.

경제사상면에서도 시간의 중요성이 뚜렷이 인식되기 시작한 것은 19세기 산업혁명 이후이다. 아마도 시간 문제를 최초로 본격적으로 탐구한 사람은 죤 레이John Rae, 1796-1872일 것이다. 레이는 독특한 경력을 가진 인물이다. 그는 영국 애버딘 출신으로 영국대학에서 의학을 공부한 후 1822년 캐나다로 이민을 갔다. 그 이후 미국 캘리포니아로 이주해서 농장을 경영했으며, 만년에는 하와이 지역의 마우이 섬에서 학교를 세워 원주민을 가르치고 의료봉사활동을 하였다.

이러한 경력 때문인지 그는 선진문명을 가진 이주민과 신대륙의 원주민의 생활 격차가 생긴 이유가 무엇인지 생각해 볼 수 있었다. 그는 그 이유가 자본축적 때문이며, 이러한 자본축적을 가져오게 된 것은 시간관념의 차이 때문이라고 생각하게 되었다. 1834년 그는 『정치경제학의 신원리: 자유무역론과 『국부론』의 오류들』이라는 책을 발간하였다. 이 책은 사후에 '사회학적 자본이론'으로 제목을 바꾸어 출간한 적이 있는데, 제목에서 나타나듯이 아담 스미스의 『국부론』에 나타난 자유주의적 경제관을 비판하는 내용을 담고 있다.

우선 레이는 아담 스미스가 개인 이기심이 경제활성화의 근본요인이며, 자본축적의 결과 생긴 분업이 중요하다고 말한 데 대해서 비판하였다. 레이는 스미스는 지나치게 이기심과 분업에 대해서 강조했다고 생각한다. 레이는 경제가 발전하려면 미래를 내다보는 통찰력이 있어야 하며, 이러한 선견지명은 공동체 전체와 자손을 위하려는 이타심에서 나온다고 생각했다. 그는 이기적 성향에 따라 현재 소비해 버리려는 것을 억제해야 축적이 되며, 그 결과 생긴 밑천을 바탕으로 새로운 것을 개발하는 발명이 경제발전의 요인이라고 생각했다. 따라서 후발국가에서는 정부가 국내 시장을 보호하고 기술개발을 장려하는 정책을 써야 한다고 주장했다.

레이의 주장은 당시 영국의 자유주의적 경제관에 비판적이었던 독일이나 신대륙의 분위기에서 나오는 통상적 견해인 것처럼 보이기도 한다. 하지만 미래를 대비하기 위해서 축적하려는 동기는 어디에서 오는가를 탐구한 점에서 흥미롭다. 그는 투자를 통해 나오는 수익이 현재 소비를 못함으로써 생기는 불이익보다 더 커야만 자본축적을 할 것이라는 분석을 내놓았다. 이러한 시간상의 손해를 극복하고 투자하려는 의지를 그는 "실효적 축적 욕망the effective desire of accumulation"이라고 불렀다. 그리고 이러한 축적욕망은 "사회적이고 자선적인 애정"의 산물이며, 축적욕망의 강도는 개인적인 성향이라기보다는 사회적 관습에 따라 결정된다고 보았다.

그런데 현대생물학적 관점에서는 자손을 위해서 축적하려는 동기가 이기적인가 이타적인가는 별로 중요하지 않다. 왜냐하면 유전자 수준에서는 자손을 위하는 것이 장기적으로 자신의 유전자를 많이 남길 수 있는 행동이기 때문이다. 따라서 레이의 생각에서 눈여겨보아야 할 점은 시간의 중요성에 대해서 잘 인식하고 있다는 점이다. 즉 보통 사람들은 현재 시점에서 소비하는 것을 좋아하지만 이를 억제하여 미래 더 큰 수익을 올릴 수 있을 것이 확실한 경우 축적을 하게 된다는 점이다.

레이는 경제전문가가 아니었으므로 그의 업적은 별로 알려지지 않았으나, 그와 비슷한 생각에서 본격적으로 경제 문제를 탐구하여 체계적인 자본이론을 완성한 사람은 오스트리아의 뵘바베르크Böhm-Bawerk, 1851-1914였다. 뵘바베르크는 1889년에 발간된 『실증적 자본이론』에서 시간의 중요성에 대해서 수치 예를 들어가면서 설명했다.

어떤 어부가 하루에 맨손으로 물고기 3마리를 잡아서 근근이 살아가고 있다. 만약 그가 배와 그물을 가지고 물고기를 잡는다면 하루에 30마리를 잡을 수 있다고 하자. 그리고 배와 그물을 만드는 데 한 달이 걸린다고 하자. 이 때 다른 사람이 30일분의 식량에 해당하는 물고기 90마리를 밑천으로 빌려준다면 그 어부는 당연히 한 달 동안 배와 그물을 만들고 난 후, 물고기를 잡으러 나가는 것이 유리할 것이다. 그러면 그 다음 한 달 동안 900마리를 잡을 수 있고, 한 달 동안 먹고 살기 위해 빌린 90마리 물고기에 더하여 이자로 90마리를 더 보태서 갚고도, 720마리나 자기 몫으로 가질 수 있다.

이와 같이 물고기를 직접 잡는 것보다 그물을 만들고 나서 잡으러 가는 것이 이익이 되듯이, 오랜 생산기간 동안 생산하는 것이 유리하다는 사실을 뵘바베르크는 "우회적 생산의 이익"이라고 불렀다. 문제는 우회적 생산을 하려면 당장 먹고 살 게 없으므로 밑천이 필요하다. 이런 점에서 자본축적이 중요하다는 것을 알 수 있다. 이런 의미에서 뵘바베르크는 자본을 생존기금 subsistence fund이라고 불렀다. 나아가 뵘바베르크는 현재 소비를 좋아하는 사람들의 성향 때문에 자본을 제공하는 사람에게는 원금 이상의 대가를 주어야만 하고, 이것이 이자 발생의 원인이라고 설명했다.

이렇듯 산업사회에서 시간을 들여 생산하면 더 이익이 된다는 점이 분명해지면서 반대로 시간을 낭비하면 그만큼 손해라는 인식이 생겨났다. 이 때문에 "시간이 돈"이라는 명제가 타당해졌다고 할 수 있다.

우회적 생산 roundabout production 노동을 통해 곧바로 생산하려 하지 않고, 도구나 기계와 같은 간접적인 생산요소를 생산한 후 시간이 걸리더라도 좀 더 생산성을 높여서 생산하려는 방식.

생존기금 subsistence fund 우회적인 생산 과정을 유지하기 위해서 그 기간 동안 필요한 임금과 같은 생존비를 담당하는 밑천의 크기.

아는 것이 힘?

인간의 두뇌는 진화 과정을 거쳐 고도로 발달해 왔다. 사실 인류는 발달된 인지능력을 사용하여 알아낸 지식을 축적함으로써, 우주의 시초인 빅뱅 이후 만들어진 물질에서 나온 생물체임에도 불구하고 우주의 기원을 밝혀낼 정도로 인류 전체의 지식은 놀라울 정도로 발달해 왔다.

이렇듯 자연을 이해하는 인류의 놀라운 인식능력 발전에도 불구하고 개인이 사회를 인식하는 정도는 자연을 이해하는 정도에 비례하여 나아진 것 같지 않다. 그 이유는 무엇일까? 이는 개인이 사회 전체를 제대로 파악하기가 대단히 힘들기 때문이다. 개인이 타인과 나아가 사회를 인식하게 되는 과정에서 원초적으로 편리함을 추구하는 뇌의 특성에 의해서 인식상의 왜곡을 피할 수 없다는 문제가 있다.

인간의 뇌는 몸무게의 2-3퍼센트에 불과하지만 산소와 에너지의 20-30퍼센트를 소모한다. 따라서 인간은 뇌를 열심히 사용하지 않으려고 하게 된다. 뇌는 가장 간편하게 자신이 처한 상황을 해석해 버리고 뇌를 편하게 쉬게 하려 한다.

이러한 뇌 작용으로 인해 여러 가지 인식상의 문제가 생긴다. 우선 제일 중요한 점은 어떤 정보를 인식하기 위해서 사람들은 기존에 형성된 인지 틀cognitive frame을 사용해야만 한다는 것이다. 따라서 기존 관념에 의해서 새로운 정보가 해석된다. 이 과정에서 사람은 복잡하고 다양한 사회현상을 다차원적으로 파악하지 않고 한 가지 설명 방식으로 사회를 단순화해서 이해하려고 한다.

또한 자신의 이해 방식이 실제와 다를 때 자신의 인식을 고치려고 하지 않고 이를 회피하려는 성향이 있다. 자신의 인식을 고치려면 상당한 노력이 필요하므로 이를 잘 고치려고 하지 않게 된다. 나아가 인간은 어떤 문제가 발생하여 자신에게 불리한 일이 생겼을 때, 이를 환경 탓, 남의 탓으로 돌리는 외적 귀인을 하게 된다.

이러한 인지적 오류들은 편리함을 추구하는 뇌의 특성에 의한 것이며, 사실 정신 건강을 위해서 불가피한 것이라고 할 수 있다.

그렇지만 올바른 사회 인식 면에서는 방해가 되는 것임은 분명하다. 예를 들어 시장경제에서 자신의 잘못으로 투자 실패를 한 경우 이것을 우연한 일이라고 생각하거나, 제도가 잘못되어 손해를 보았다고 생각한다면, 동일한 잘못을 계속 저지를 수 있다. 또한 여러 재화시장의 동시적이고도 다면적인 변화를 인식하지 못하고 한 가지 상품의 가격만을 낮추려고 든다면 극심한 시장왜곡으로 인해 부작용이 더 커질 것이다.

17세기 영국의 경험철학자 프랜시스 베이컨Francis Bacon, 1561-1626은 올바른 인식을 방해하는 네 가지 우상을 지적한 바 있다. 익히 잘 알려져 있듯이 네 가지 우상이란, 자신이 속한 집단의 의견을 따라가는 종족의 우상, 자신이 처한 환경을 벗어나 생각하지 못해서 생기는 동굴의 우상, 주변 사람들의 의견을 따라가는 시장의 우상, 마지막으로 자신만의 세계를 만들려고 하다가 생기는 극장의 우상이다. 베이컨은 이러한 네 가지 우상을 피해야만 올바른 지식의 성장이 가능하다고 보고, "아는 것이 힘"이라는 명언을 남겼다.

결국 올바른 인식을 막는 요인을 정리하자면 인간의 무지와 넓은 의미의 이해관계 때문이다. 말하자면 자신이 처한 현실을 객관화시켜서 이해하지 못하는 것은 개인이 사회 전체를 이해하기 불가능하다는 소위 '근본적 무지'와 자신의 경제적, 문화적 이익 때문에 올바른 인식을 기피하는 이해관계 때문이다.

이와 같이 비뚤어질 가능성이 있는 일반적 인식 또는 상식적 설명을 뛰어넘어 사회의 실체를 객관적으로 바라보려는 인식을 과학적 인식이라고 할 수 있다. 그렇다면 오랜 기간에 걸쳐서 만들어진 경제학의 지식이 발달했음에도 불구하고 경제 인식이 제대로 되지 않는 이유는 무엇인가? 그 이유는 과학의 내재적 속성과 외부적 환경의 두 가지 측면에서 생각해 볼 수 있다.

먼저 과학의 내적 속성을 살펴보면, 우선 과학이라 하더라도 현실을 즉각적으로 반영하지 못한다는 것이다. 사실 한 가지 재화시장의 움직임을 제대로 관찰하는 데 수 세기가 걸렸으며, 시장거래를 통해 양 당사자가 이익을 본다는 사실은 1820년대에서야 확실히 인식되었다. 나아가 시장거래가 사회 전체의 이익이 된다는 1776년에 스미스가 『국부론』에서 한 주장은 1870년대에 이론적으로 정립되었고, 엄밀한 수학적 증명은 1950년대에 되었다고 볼 수도 있다. 말하자면 어차피 이론은 뛰는 토끼를 쫓아가면서 영원히 토끼를 잡지 못하는 화살과 같다고 말할 수 있다.

아울러 과학적 지식이 어느 정도 성숙되었다 하더라도 과학자 내부에 다양한 견해차가 발생한다. 과학이라 하더라도 정도의 차이이지 일반인의 지식과 본질적인 차이는 없다. 실증가능성과 일반적 논리성을 두 축으로 하는 실증과학이라 하더라도 과연 확증의 정도가 얼마만큼 적용되는가에 대해서 과학자 간에 동의가 일어나기 대단히 어렵다. 과학자도 무지와 이해관계라는 인간 인식의 한계를 근본적으로 벗어나기 어렵기 때문이다. 이런 연유에서 케인스는 1936년에 발간한 『일반이론』에서 시장에서 균형이 달성되면 지속적인 실업이 불가능하리라는 동료들의 편견을 깨기 위해서 책을 썼다고 밝히고 있다.

과학자와 일반 사회의 관계를 생각해 보면 문제는 더 심각하다. 오랜 숙고와 학습을 통해 알게 되는 과학적 법칙들을 일반인이 알기란 상당히 힘들며, 비록 교육 과정을 통해 지식을 얻었다 하더라도 그 지식을 적용하거나 그 지식을 신뢰하는 면에서 과학자와 일반인은 상당한 격차를 보이게 마련이다. 예를 들어 부동산 가격을 규제하면 공급이 줄어 장기적으로 오히려 가격이 올라간다는 것은 대부분 경제학자가 동의하고 교과서 첫머리에 실려 있는, 경제학에서는 상식적 명제다. 과연 일반인들이 이 명제에 얼마나 동의하는지 회의적이다.

이렇듯 올바른 경제 인식이 아주 어려운 문제임을 깨닫는다면, 오랜 기간 형성된 경제사상의 흐름을 살펴보는 것은 단지 과거의 역사를 이해하는 차원을 넘어서서 현대 경제 문제를 이해하는 데 상당한 도움이 되리라는 것을 짐작해 볼 수 있을 것이다.

인지과학 cognitive science 인간의 의식적 사고작용을 탐구하는 철학, 심리학, 뇌과학을 망라한 통합학문.

인지틀 cognitive frame 인간이 습득한 지식과 경험을 통해 가지고 있는 기존의 인식체계로서 새로운 정보를 받아들이고 해석하는 데 사용됨.

03

알고 보면 재미있는 경제원리

경제를 보는 두 시선

이자를 받는 것은 과연 비윤리적인가?

"너희가 만일 되받을 가망이 있는 사람에게만 꾸어 준다면 칭찬받을 것이 무엇이겠느냐? 죄인들도 고스란히 되받을 것을 알면 서로 꾸어준다. 그러나 너희는 원수를 사랑하고 남에게 좋은 일을 해 주어라. 그리고 되받을 생각을 말고 꾸어 주어라."

성경(마태복음 6장 34-35절)에 나오는 구절이다. 이 글을 읽는 현대인들은 이 구절의 내용이 적용되는 사회가 과연 있을까 하는 생각이 들 것이다. 어떤 사람들에게는 이 구절은 경제행동을 설명했다기보다는 인간관계의 덕목을 설파한 것으로 생각할 것이다. 그렇지만 동서양을 막론하고 자신의 경제적 이익을 좇는 행동을 억제하는 사상은 중세에 이르기까지 지배적인 경제적 사조였다.

이 구절에서 눈여겨볼 대목은 돈을 빌려주면서 되받을 생각을 하지 말라는 내용이다. 원금조차 되받을 생각을 하지 말라는 권고이고 보면 이자를 붙여서 되돌려받는다는 것은 꿈에도 생각하지 말아야 할 것이다. 이렇듯 이자수취의 문제는 경제사상의 역사상 최초로 제기된 문제의 하나다.

이 문제는 중세의 신학자들에 의해 본격적으로 논의되어 고리대usury의 문제라고 설정되어 있다. 물론 현대에도 지나친 이자수취를 비난하여 고리대라고 부르고 있지만, 당시의 고리대 문제란 이자수취를 원칙적으로 금지하는 문제였다. 이자수취를 금지하는 이유는 크게 보아 두 가지이다.

하나는 단순히 화폐를 빌려간다고 하여 그 화폐가 이익을 발생시키지 않으므로 원금에 더하여 웃돈을 붙여 받을 근거가 없다는 생각이다. 이러한 생각은 아리스토텔레스에게서도 나타나는데, 이를 화폐가 생산적이 아니라는 뜻에서 '화폐불임설'이라고 부른다. 또 하나는 당시에 주로 채무를 지게 되는 사람은 궁박한 상태에서 당장의 소비를 위해서였기 때문에, 절박함을 근거로 이익을 올리는 것이 비윤리적이라는 생각 때문이었다. 가장 단적인 예로 셰익스피어의 「베니스의 상인」에서 대부업자유대인은 상대방의 절박성을 현금화하려는 비도덕적 인물로 묘사되고 있다.

이자금지의 생각은 단순히 윤리적 권고로서만 나타난 것이 아니라, 실제 적용되기도 했다. 325년 니케아공의회에서는 교회나 성직자의 이자수취를 금하는 지침을 만들었고, 789년에는 샤를마뉴 대제가 이자를 금지하는 칙서를 발표하기도 했다. 그렇지만 로마시대에서도 화폐 대부에 대한 이자는 연간 12퍼센트, 실물대부에 대한 이자는 연간 50퍼센트 수준이었으며, 중세에서 이자가 사회 전체적으로 사라진 예는 거의 없었다. 더군다나 중세 사회에서 가장 규모가 큰 손은 교회 자체였으며, 이자를 받지 않는 것은 교회의 이익과 맞지 않는 것이었다.

이렇듯 중세의 경제적 윤리와 현실 간의 괴리는 어떤 형태로든 사상적으로 해소되어야 하는 문제였다. 이러한 문제에 대해 해답을 제시한 신학자 중에서 대표적인 인물이 성 토마스 아퀴나스1225-1274였다. 아퀴나스는 대부 행위의 내재적인 속성에 의해서 이자를 지불할 수는 없다고 하여 이자수취의 원칙적 금지를 견지하였다. 그러나 아퀴나스는 특수한 외적 상황에 의해서 이자를 받을 수 있는 경우를 열거하고 있는데 그것은 대체로 네 가지 경우이다.

첫째는 채권자가 자신의 돈을 줌으로써 손해가 발생할 때이며,

너희는 원수를 사랑하고 남에게 좋은 일을 해 주어라. 그리고 되받을 생각을 말고 꾸어 주어라.(성경 말씀)

은행가는 기술혁신가에게 신용을 제공하며,
따라서 이윤분배에 참여하는 것은 당연하다.
(슘페터, 『경제발전의 이론』)

둘째는 채권자가 그 돈을 더 이익이 나는 투자를 할 수 있을 경우 사라지는 이득을 보상해 주기 위함이며, 셋째는 채무자가 만기를 넘겨 연체했을 때이며, 넷째는 채무자가 돈을 빌려 써서 더 위험해지는 상황이 생기는 것이다. 이 네 가지 경우를 보면 이자는 대부분의 경우에서 발생될 것으로 해석될 여지가 있어서, 결국 원칙적 금지, 현실적 용인이라는 상황을 반영하고 있는 것이 아닌가 생각이 든다.

그런데 아퀴나스의 주장을 자세히 들여다보면, 현실적으로 이자가 발생하는 메커니즘에 대한 설명을 어느 정도 하는 것을 알 수 있다. 즉 돈을 더 많이 써서 수익성 있는 투자를 하고, 이에 수반되는 위험에 대한 보상으로 이자가 발생한다고 생각한다면, 이자수취가 과연 비윤리적인가 하는 점이다. 말하자면 현실적인 대부 행위가 주로 소비를 목적으로 하는 가계 간에 이루어져서 채권자가 소비를 미루는 것에 대한 심리적 고통을 보상하는 차원에서 이자를 주어야 한다면 이자의 윤리적 근거가 미약해지는 데 비해, 이자 발생을 위험을 감수한 결과로 생각한다면 이자의 근거는 더욱 강해진다는 것이다.

말하자면, 이자수취가 중세 때 비윤리적이라고 생각되었다가 근대 이후 이러한 문제제기가 점차 사라진 이유는 이자가 갖는 긍정적 기능이 더욱 부각되었기 때문임을 알 수 있다. 근대 이후 이자의 긍정적 기능을 가장 극명하게 보여준 사람은 필자의 생각으로는 가격이론이나 화폐이론을 전공으로 하는 이론경제학자들이 아니라, 바로 경제발전론과 경제사상사 분야에서 업적을 낸 슘페터Joseph Alois Schumpeter라고 생각한다.

슘페터는 1912년에 발간된 『경제발전의 이론』에서 경제성장이 없는 경제에서 이자는 영(0)이라고 전제한 후, 기업가의 혁신을 통해 이윤이 발생하면 그 일부가 이자로 돌아갈 수 있다고 주장하였다. 물론 기업가의 혁신은 종래 존재하지 않았던 생산방법의 혁신, 신시장 개척, 신원료 발굴, 경영조직 개선과 같은 것을 포함하는 것으로, 이미 가지고 있던 자본에서 혁신의 재원을 마련할 수는 없으므로 진취적인 은행가가 혁신가에게 신용의 형태로 자본을 빌려주어야만 한다. 따라서 은행가는 혁신할 수 있는 사람을 잘 선별해야 하며, 그런 의미에서 기술혁신에 큰 기여를 하는 것이므로, 그 대가인 이윤 배분에 참여하는 것은 당연하다. 그리고 그 혁신의 결과 경제성장이 이루어지므로 그 과실은 국민경제 전체에 돌아갈 것이다.

이자수취라는 한 가지 문제에 대해서만 놓고 보더라도 이렇듯 경제환경의 변화에 따라 경제윤리, 나아가 사람들의 인식이 크게 바뀌는 것을 볼 수 있다. 이러한 시대적 변화가 과연 '이자제한법'을 만든 우리 정치인들에게 반영되고 있는지 자못 궁금하다.

고리대 usury 말의 뜻은 지나치게 이율이 높은 이자를 말함. 중세 신학에서는 이자수취가 원칙적으로 금지되었으므로, 대부분의 이자수취가 고리대라고 말할 수 있음.

혁신 innovation 슘페터가 경제발전을 설명하면서 사용한 말로서, 새로운 생산방법 도입, 새로운 상품 개발, 신시장 개척, 신원료 획득, 새로운 조직 변화를 포괄하는 기업가의 획기적 노력의 성과로 보고 있음.

철학자와 짐꾼의 차이

"철학자가 선천적으로 재능과 성향에서 거리의 짐꾼과 차이가 나는 것은, 맹견과 사냥개 사이, 사냥개와 애완용 개 사이, 그리고 애완용 개와 양 지키는 개 사이의 차이의 반도 되지 않는다. 그러나 이렇게 상이한 동물들은 비록 동일한 유에 속하지만 서로서로에게 거의 도움을 주지 못한다." (김수행 역, 『국부론』 상권, 24쪽)

이 구절은 경제학의 아버지라 불리는 영국의 애덤 스미스Adam Smith, 1723-1790가 『국부론』에서 분업을 설명하면서 인간과 동물의 차이를 설명한 글이다. 철학자와 짐꾼의 선천적 재능의 차이가 별로 없다는 내용은 스미스가 겸손해서 그렇게 말한 것일까?

아니면 파리든 개구리든 사람이든 동물들의 유전자 정보가 반 이상 같다는 현대 생물학의 연구 결과를 예견할 정도로 통찰력이 있어서 그렇게 말한 것일까?

스미스가 철학자와 짐꾼의 선천적 차이가 별로 없다고 말한 것은 그 차이가 분업의 결과 후천적으로 나타난 것임을 강조하기 위해 한 말이다. 그렇다면 분업이 왜 발생하고 그 결과는 어떤 것인지 스미스의 설명을 자세히 알아볼 필요가 있다.

우선 스미스는 인간만이 분업을 한다고 말하지는 않았다. 잘 알다시피 반수이배체(1.5배) 생식을 하는 개미나 벌도 철저하게 분업을 하고 있다. 여왕개미, 일개미, 수개미로 나뉘어져, 유전자 보전을 위해 생식기능까지 분업하여 사회가 조직되어 있다. 그렇지만, 동물 집단의 분업은 같은 집단 내에서 이루어지는 것이지 집단을 넘어서 발생하는 것은 극히 드물다. 생물학자 최재천 교수의 책 『개미제국의 발견』에도 나타나듯이, 한 종류와 다른 종류의 개미 간에 약탈과 전쟁이 빈번히 이루어지고 있다. 악어와 악어새와 같은 협력 현상은 분업이라기보다는 환경적 요인에 의한 우연적 사건이다.

물론 인간도 고대에서는 노예 확보를 위해, 근대에 와서는 자원 확보를 위해 다른 종족과 전쟁을 하였다. 그렇지만 이러한 경향보다는 교환을 통해 서로 이익이 되는 것을 알게 되었고, 이러

사람의 욕망 중 자기 자신의 노동생산물이 충족시키는
부분은 매우 적어진다. 사람은 자기 자신의 노동생산물 중
자기 자신의 소비를 초과하는 잉여분을
타인의 노동생산물 중 자기가 필요로 하는 부분과
교환함으로써 자기 욕망의 대부분을 만족시킨다.
이리하여 모든 사람은 교환에 의해 생활하며 또는
어느 정도 상인이 되며,
사회는 이른바 상업사회로 된다.

한 추세는 세계 차원에서 시장이 통합되는 현상인 세계화의 경향까지 이르게 되었다. 소위 맥도날드가 진출한 나라 간에는 전쟁을 하지 않는다는 '골든 M' 현상은 세계화 추세의 정치적 표현이다.

이러한 맥락에서 스미스는 자급자족보다는 분업을 토대로 한 교환 경제가 더 생산성이 높다고 생각했으며, 교환은 인간의 교섭 · 교환 · 구매하려는 성향 때문에 발생한 것이라고 말한다. 스미스는 교환 성향이 이성과 언어사용 능력이라는 본능의 결과인지 아니면 원래 인간이 가진 본능인지 알 수는 없으나 다른 동물에게서 발견되지 않는 인간의 공통된 속성이라고 생각했다. 종족의 범위를 넘어 협력하는 것은 이러한 교환성향 때문이며, 교환이 상호 이익이 된다는 것을 깨닫게 됨으로써 생긴 점진적이지만 필연적인 결과라고 말한다.

그렇다면 분업은 왜 생산성을 높이게 되는 것일까? 스미스는 당시 수공업 수준의 기술이지만 한 지붕 밑에서 작업을 나누어 담당하는 소위 매뉴팩처(공장제 수공업)를 관찰함으로써 분업의 효과를 살펴보았다. 스미스는 핀을 만드는 데 혼자 작업을 하는 아무리 숙달된 기능공도 하루에 20개 이상을 만들지 못하는 데 비해, 철사는 늘이고 끊고 뾰족하게 하고 머리를 붙이고 하는 방식으로 작업을 18단계로 나누면 1인당 4,800개까지 만들 수 있어서 생산성이 240배나 는다는 사례를 제시하고 있다. 이는 분업을 통해 첫째, 한 작업에 전문화함으로써 숙련도가 향상되고, 둘째, 작업을 옮겨서 하는 이동시간이 단축되며, 셋째 작업이 단순화되어 기계가 발명되거나 기계를 적용할 가능성이 커진다는 세 가지 이유 때문이라고 설명한다.

작업 과정의 분화를 기술적 분업이라고 부르는데, 직업이 분화되는 사회적 분업도 발생원인과 과정은 마찬가지이다. 작업 과정이 분화됨에 따라 양치기, 양모 선별공, 염색공, 방적공 등으로 직무가 분화되듯이, 자급자족 사회에서 한 사람이 하던 일에서 빵 굽는 사람, 목수, 대장장이, 사냥꾼이라는 직업들이 나타나는 것이다. 이리하여 스미스는 교환이 발생하면 모두가 장사꾼이 될 수밖에 없다고 말한다.

"분업이 일단 완전히 확립되면, 사람의 욕망 중 자기 자신의 노동생산물이 충족시키는 부분은 매우 적어진다. 사람은 자기 자신의 노동생산물 중 자기 자신의 소비를 초과하는 잉여분을 타인의 노동생산물 중 자기가 필요로 하는 부분과 교환함으로써 자기 욕망의 대부분을 만족시킨다. 이리하여 모든 사람은 교환에 의해 생활하며 또는 어느 정도 상인이 되며, 사회는 이른바 상업사회로 된다." (같은 책, 29쪽)

분업의 발생과 생산성 향상 효과에 대해서 자세히 살펴보았는데, 그렇다면 분업이 계속 진전되려면 어떤 환경적 조건이 필요할까? 스미스는 분업의 정도는 시장의 크기에 의해서 정해진다고 말한다. 즉 시장이 크면 한 가지 직업만으로도 충분히 먹고사는 것이 가능해지므로, 분업이 진전될 것이라는 점이다. 조그마한 시골 마을에서는 일반의 한 사람이 감기환자도 보고 맹장염 수술도 해야 되지만, 대도시에서는 내과, 심장내과, 일반외과, 정형외과 등으로 의사의 직종이 다양해지는 것도 같은 원리이다.

따라서 자유로운 경제활동을 허용하면 시장이 커지고 나아가 분업이 진전되며 생산성이 올라갈 것이다. 생산성 향상의 결과 생긴 잉여물을 가지고 자본이 축적되면 또다시 생산규모가 커지고 분업이 진전되는 식의 선순환 메커니즘이 작동한다. 따라서 경제성장의 요체는 분업을 통한 생산성 향상이라고 스미스는 『국부론』 초두에서부터 강조하고 있다.

이러한 메커니즘을 바탕으로 스미스는 수송이 용이하여 시장이 잘 발달할 수 있는 강 주변이나 해안지역에서 경제가 잘 성장하고 수송이 어려운 내륙지방의 경제가 정체되는지 알기 쉽게 설명하고 있다. 경제개발 초기에 항만이든 고속도로든 교통과 통신시설을 집중적으로 건설해야 하는 것도 바로 이 때문이다. 최근 논란이 되는 대운하가 필요할 만큼 우리 경제가 열악한 교통 시설 때문에 성장이 잘 안 되고 있는가는 물론 별개의 문제이다.

골든 M Golden M 다국적기업인 맥도날드 햄버거가 진출한 나라 간에는 전쟁을 하지 않는다는 속설인데, 세계화를 통한 시장 활성화가 국제관계도 평화롭게 하리라는 낙관적인 견해임.

매뉴팩처 manufacture 공장제수공업으로 번역되듯이 기술적으로는 수공업과 큰 차이가 없으나 생산방식 면에서 볼 때 공장 내에서 기술적 분업을 통해서 생산성 향상을 도모하던 산업혁명 초기의 조직 형태.

안방 지키기에서 자유무역론으로

"곡물의 자유무역으로부터 생기는 해악 중 걱정해야 하는 것은 무엇인가? 첫째는 식량 안보가 금전적 이익보다는 훨씬 중요하다는 것이며, 한 나라의 국민들이 외국산 곡물에 상당 부분 의존하게 되면 꼭 필요한 순간에 필수적인 양만큼 확보하지 못하는 위험성에 빠지게 된다는 것이다."

농민 단체의 성명서에서 나올 법한 이 글은 『인구론』의 저자로 잘 알려진 맬서스Thomas Robert Mathus, 1766-1834가 1814년에 곡물법Corn Law의 효과에 대해서 쓴 소책자에 나오는 구절이다. 맬서스는 목사직을 가진 점잖은 경제학 교수였는데, 왜 식량 문제만큼은 농업생산자처럼 이렇게 목소리를 높였는지 그 배경이 궁금할 것이다.

19세기 초반 영국은 프랑스의 나폴레옹과 두 차례에 걸쳐 전쟁을 치르고 있었다. 영국 측으로서는 다행스럽게 전쟁에서 이겼지만, 전시경제의 폐해는 여러 부문에서 나타났다. 그중 하나는 전쟁 기간 동안 나폴레옹이 대륙봉쇄령을 내려, 러시아나 폴란드로부터 싼 곡물이 영국으로 수출되지 못하게 한 것이었다. 이 당시 영국은 산업혁명이 시작되어 이미 외국에서 곡물을 수입해야만 하는 처지였다. 곡물 수입이 어려워지자 상당한 곤란을 겪었으며 국내 농업생산을 최대한 늘려 버틸 수 있었다.

그런데 1814년 전쟁이 거의 끝나게 되면서 외국으로부터 싼 곡물이 들어올 수 있게 되자, 다시 문제가 생겼다. 그 동안 어느 정도 생산량을 유지하던 국내 농업이 큰 타격을 입게 될 것이 분명해졌기 때문이다. 이를 방지하기 위해서 지주들이 장악하고 있던 영국 의회는 곡물법을 개정하여 외국산 곡물에 대해서 높은 관세를 매기려고 시도하였다.

이에 대해서 맨체스터 지역의 상공업자들은 곡물법 개정에 반대하면서, 지식인 간에도 열띤 논쟁이 벌어졌다. 농업을 보호해야만 안정적인 식량 확보도 되고 농업부문으로부터 국내 수요도 창출될 수 있을 것인가? 아니면 농업을 개방하여 싼 곡물을 들여와서 임금을 낮게 유지하고 제조업을 육성하는 것이 좋은가? 양쪽 입장을 대변한 사람은 바로 당대의 경제학자 맬서스와 리카도였다.

리카도는 런던에서 채권중개업을 하던 유대인이었다. 그는 돈을 많이 번 다음 뒤늦게 경제이론 공부를 시작했다. 그러던 중 맬서스와 교류하면서 시사적인 문제에 대해서 여러 차례 논쟁을 하였다. 그러면서 지식인 사회에 이름이 알려지면서 국회의원직까지 진출하게 된다. 리카도는 곡물 수입을 규제하면 생산성이 낮은 토지까지 경작하게 되어 농산물 가격과 생활비가 올라가고, 이에 따라 이윤이 줄어든다는 것을 숫자를 써가면서 엄밀한 논리로 설명하였다. 이윤이 줄어들면 결국 투자할 여력이 없어지고 경제는 정체에 빠지게 되므로, 보호무역정책은 영국 경제에 나쁘다는 주장을 폈다.

나아가 리카도는 비교우위의 원리를 통해 자유무역의 이익을 강조하였다. 즉 아무리 다른 나라에 비해 생산성이 낮은 나라라도 상대적으로 생산성이 덜 나쁜 산업, 비교우위를 가진 산업은 있을 것이며, 이런 산업에 집중하여 생산하면 상대적으로 유리한 조건으로 물건을 만들 수 있다는 것이다. 생산성이 높은 나라의 경우에는 생산성이 상대적으로 더 차이나는 산업에 집중하여 생산한 후 상대방 나라의 제품과 교환하면 같은 자원을 가지고 더 많은 생산을 할 수 있게 되므로 전 세계적으로 이득이 된다. 말하자면 자유무역은 기본적으로 윈-윈win-win 게임이라는 것이다. "굼벵이도 기는 재주가 있다"는 말대로 아무리 경쟁력이 없어 보이는 사람도 시장에 참여하면 시장을 걸어 닫는 것보다는 나으며, 자유로운 교환은 모두에게 이익이 된다는 것이다.

이러한 생각을 바탕으로 리카도는 식량과 같은 필수품을 외국에 의존하면 안보상 좋지 않다는 소위 식량안보론에 대해서도, 식량을 무기로 삼는 것은 상대방 국가의 이익에도 맞지 않는다는 점을 밝히고 있다. 그는 맬더스와 논쟁하는 과정에서 1815년에 발간한 『이윤론』이란 소책자에서 다음과 같이 말한다.

"만약 우리나라가 수입하는 것이 정례화되고 외국인들이 우리 시장에 확실히 의존하게 된다면, 그 나라에서 곡물을 수출하기 위해 더 많은 땅을 개간할 것이다. …… 그러한 경우에는 방대한 양의 자본이 토지에 사용되어 손해를 보지 않고 갑자기 철수하기도 어려워지며, 수출을 안 하면 넘쳐나는 곡물 때문에 계산하기도 어려울 정도로 값이 폭락하게 될 것이다."

그렇다면 문제는 상대방 나라에서 곡물을 무기화한다는 것보다는, 싼 곡물로 인해 수입국의 농업이 타격을 입는다는 것이 문제가 되는 것이다. 따라서 논쟁의 핵심은 당시 영국의 경제성장을 위해 제조업을 더 육성할 것인가 아니면 농업을 어느 정도 보호해야만 안정적인 경제운영이 될 것인가 하는 전략적 판단의 문제로 귀결된다.

그런데 여기에서 한 가지 흥미로운 점은 리카도는 그다지 설득력 있는 논객이 아니었다는 점이다. 리카도의 논리는 치밀했지만, 현실감이 떨어져 동료의원들은 리카도가 "화성에서 온 사람" 같다고 평가하였다. 리카도의 이론이 너무 추상적이고 현실감이 떨어져 보이는데도 불구하고 그의 입장이 결국 득세한 것은 무엇 때문일까?

그것은 결국 현실 경제에서 영국이 '세계의 공장'이라고 불릴 정도로 제조업이 육성되고, 경쟁력을 갖추었기 때문이다. 1811년 잉글랜드 지역에서 농림수산업 부문과 광공업의 생산비중이 36 : 20이었는데, 1821년에 가면 이 비율이 26 : 32로 역전된다. 제조업의 비중이 커지고 경쟁력을 갖추면서, 결국 자유무역을 하는 것이 영국의 경제성장에 훨씬 도움이 되었다. 이러한 시대적 변화를 반영하여 1840년대에 가면 농업을 보호하려고 만든 곡물법 자체가 폐지된다.

자유무역은 참여하는 나라 모두에
이익이 되는 것은 분명하지만,
국내적으로 위축되는 산업에 비해 더 큰돈을 벌 정도로
경쟁력 있는 전략산업이 있는가가
판단의 관건임이 분명하다.

자유무역은 참여하는 나라 모두에 이익이 되는 것은 분명하지만, 국내적으로 위축되는 산업에 비해 더 큰돈을 벌 정도로 경쟁력 있는 전략산업이 있는가가 판단의 관건임이 분명하다. 자유무역협정 추진 과정에서도 우리 대표 산업들이 세계 차원의 경쟁에서 이길 때 국가대표 선수처럼 국민들의 응원을 받게 될 것이고, 그 성공의 혜택이 국민들에게 돌아갈 수 있을 것이다.

곡물법 Corn Law 17세기경부터 영국에서 농업을 보호하기 위해서 제정된 법. 초기에는 농산물의 수출을 금지하는 내용이었으나, 19세기 초 이후에는 싼 외국산 곡물이 수입되는 것을 방지하는 내용이었음.

비교우위 comparative advantage 한 국가에서 어떤 상품이 다른 상품에 비해서, 다른 나라 내에서 그 상품들에 비추어 볼 때 상대적인 비율 면에서 생산성이 높을 때 비교우위를 갖는다고 정의함.

보호무역은 언제 필요한가?

경제학이 근대 학문으로 등장한 것은 1776년 발간된 아담 스미스의 『국부론』이 계기가 되었다고 생각한다. 그 이후 경제학은 영국을 중심으로 발전하였다. 19세기 말이 되어서야 신대륙이나 스칸디나비아 나라들에서도 창의적인 학자들이 나타나기 시작했다. 영국이 근대화에서 가장 앞섰고, '세계의 공장'으로서 19세기의 팍스 브리태니카Pax Britanica를 이끌었기 때문에 학문적 발달도 앞선 것이 자연스러운 결과였다.

1776년부터 1870년대까지 100년간 경제학을 이끌었던 영국 경제학자들이 고전적 업적을 가장 많이 내놓았기 때문에, 이들의 경제 사조를 고전파 경제학이라고 한다. 이들은 자유주의적 입장에서 경제 문제를 분석하였다. 자유로운 경제활동을 통해 영국이 세계로 뻗어나갈 수 있는 이론적 토대를 만들어주었다. 이들은 국내적으로는 개인의 자유로운 영업이 가능하도록 가급적 규제를 철폐하였다. 정부는 치안 · 국방 · 사유재산권보호 등 최소한의 개입을 하는 것을 주장하였다. 국제적으로는 자유무역에 참여함으로써 모든 나라가 경제성장을 이룩할 수 있다고 생각했다.

영국 고전파 경제학자들의 생각이 결국 오늘날에 이르기까지 시장경제 활동의 사상적 기초를 닦아놓은 것은 분명하다. 그러나 과연 이들의 생각을 좇아가기만 하면 선진국이 될 수 있을까? 자신이 성공했으니 나처럼 해보라는 영국 경제학의 처방책은 만병통치약일까?

당시 대륙의 경제학자들은 영국 경제학자들의 자유주의적 처방에 대해서 논란을 벌였었다. 이 중 가장 뚜렷한 체계를 가지고 비판적 입장에 섰던 사람은 독일의 프리드리히 리스트Friedrich List, 1789-1846였다. 리스트는 1834년에 발간된 『국민경제학의 정치적 체계』란 책에서 영국 경제학자들의 생각을 다음과 같이 비판한다.

"아담 스미스에 의해서 창시된 지배적인 이론에서는 아주 먼 장래만을 생각하고 세계주의적 주장을 하고 있다. 보편적 협력과 국제무역의 절대적 자유란 아마도 몇 세기 후에나 달성될 세계주의적 꿈인데도, 지금 실현될 수 있는 것으로 생각하고 있다. 이 이론에서는 현재 시점의 필요성과 국적의 의미를 이해하지 못하고, 사실상 국가적 존재와 독립의 원리를 무시하고 있다."

리스트가 살던 당시 독일은 40여 개의 조그만 영주 국가와 몇 개의 자유도시로 이루어진 낙후된 지역이었다. 영주들은 재정수입을 위해서 통행세를 걷었고, 산업발달도 이루어지지 않았다. 리스트는 독일의 국가적 통합을 위해서 통행세를 폐지하고, 정부 관리의 감축을 주장하다 교수직에서 물러나기도 했다. 그 이후 같은 주장을 계속하다가 실형을 살기도 하였다. 리스트는 국가통합을 위해 통행세 폐지를 주장했지만, 자유무역의 원리가 어떤 상황에서나 적용될 수는 없다고 생각했다. 그 이유는 국가마다 발전단계가 달라서 자유무역을 해서 이익이 되는 경우도 있지만, 그렇지 않은 경우도 있기 때문이다.

리스트는 국민경제의 발달단계를 5단계로 나누어, 미개상태, 목축단계, 농업단계, 농공업단계, 농공상단계로 구분했다. 리스트는 모든 나라가 같은 발전단계에 처한 경우에는 서로 자유무역을 해도 무방하지만, 발전 속도 면에서 격차가 있는 경우에는 사정이 다르다고 생각했다. 즉 당시 영국은 이미 농공상단계로 진입하였지만, 독일은 농업중심사회를 벗어나지 못하고 있었다. 자

유무역을 하면 영국 제조업이 독일 시장을 장악해 독일 기업이 경쟁하기 힘들 것이라고 생각했다. 이 경우 관세정책을 통해 국내시장을 보호해야만 독일 제조업이 발달할 수 있다고 주장한다.

이러한 리스트의 주장은 현대 경제학에서 유치산업infant industry 보호론으로 알려져 있다. 즉 어떤 산업이 장래 경쟁력을 갖추려면 이를 일시적으로 보호하는 것이 필요하다는 것이다. 리스트의 주장은 상당히 설득력 있는 것으로서, 영국 고전파의 계승자인 존 스튜어트 밀조차도 자신의 책 『정치경제학원리』1848에서 같은 생각을 한 것을 볼 수 있다.

밀은 보호무역론이 대체로 잘못된 관념에서 나온 것이라고 비판하면서도, "보호관세를 정당화할 수 있는 유일한 사례는 특히 신생국에서 일시적으로 해외에서 도입된 산업을 자국의 상황에 맞도록 완전히 토착화하려고 할 때"라고 인정하고 있다. 왜냐하면, "어떤 산업에서 기술과 경험을 아직 얻지 못한 나라가 선발국에 비해서 장차 생산을 더 잘하게 될 수도 있지만, 이러한 새로운 제조업에 개인들이 위험과 손실을 무릅쓰고 뛰어들어 숙달될 때까지 부담을 지는 것을 기대하기 어렵기" 때문에 적당한 기간 동안 보호관세정책을 통해 국가가 부담을 지는 것이 필요하다는 것이다.

그런데 여기에서 조심해야 할 점이 있다. 제조업 경쟁력 육성을 위해 보호무역정책이 필요하다고 하더라도, 어떤 산업을 보호하면 국내 소비자나 다른 산업 종사자들에게는 부담이 된다는 점이다. 이 때문에 리스트 자신도 보호관세가 외국기업과 경쟁을 완전히 없앨 정도로 지나치게 높은 수준이어서도 안 되며, 보호받는 기간이 너무 길어서도 안 된다는 것을 인정하고 있다.

유치산업 보호 외에 경제발전을 위해 리스트가 강조한 것은 생산력 증진이다. 리스트가 말하는 생산력이란 개념에는 기술·자원과 같은 물질적 요소 외에 "개인을 움직이는 정신과 개인행동의 결과인 사회적 질서"와 같은 정신적 요소도 포함된다. 특히 그는 경제발전을 위해서는 공공제도와 법률, 도덕심이라는 토대가 필요하다는 점을 강조하였다.

국가의 중요성을 강조한 리스트의 생각은 당시 영국 경제학의 커다란 흐름에 밀려 후대의 경제학에 큰 영향을 주지 못했다. 그렇지만, 경제발전 과정에서 정부가 적극적인 역할을 통해 긍정적 효과를 보인 경우는 꽤 발견된다. 특히 우리나라를 비롯한 동아시아 국가들의 경제성장 과정에서 그 역할이 잘 나타난 바 있다. 다만 일정 단계에서 성공한 정책이 다른 발전단계에서는 반드시 효과적이지 않다는 리스트의 생각도 함께 고려해야 할 것이다.

자유무역 free trade 국가 간 교역을 자유롭게 허용하도록 하는 정책이나 통상방식.

보호주의 protectionism 국가 간 교역에 있어서 자국 시장을 보호하기 위해서 수입량 제한, 관세 부과와 같은 정책을 쓰는 것.

유치산업 infant industry 현재 상태에서는 외국에 비해 경쟁력이 없는 산업이나 보호 육성을 통해 장래 경쟁력을 갖출 수 있다고 판단되는 산업.

양극화를 바라보는 두 개의 시선

산업화가 진전되면서 심각하게 대두되는 문제 중 하나가 소득 격차다. 경제구조가 전환되면서 재빨리 기회를 잡은 사람은 돈을 잘 버는 반면, 기회를 놓친 사람은 상대적으로 돈을 적게 벌게 된다. 이러한 소득 격차가 집단 간 대립으로 나타나는 경우 큰 사회 문제가 된다.

우리나라보다 일찍이 산업화 과정을 겪었던 유럽의 경우 소득 분배 격차에 따른 계급 문제가 심각히 대두된 것은 1840년대의 일이다. 산업화 과정에서 제조업 · 무역업 · 금융업을 통해 부를 축적한 자본가가 등장하게 된 반면, 농촌지역과 외국에서 유입되는 값싼 노동력으로 인해 실질임금은 천천히 증가했기 때문이다.

이러한 배경 하에서 1848년을 전후하여 유럽 각국에서는 사회주의적 운동이 고양되었고 폭동이 일어나, 1848년은 그야말로 "혁명의 해"라고 불릴 만하다.

이 해에 마르크스Karl Mark는 국제노동자연맹의 강령작성 요청을 받고 평생의 동료 엥겔스Friedrich Engels와 함께 『공산당선언 *Manifest der Kommunistischen Partei*』을 발간하게 된다. 이 책에서 그는 역사를 계급투쟁의 역사로 해석하면서 자본주의의 모순을 지적하고 사회주의로 나아갈 수밖에 없는 필연성을 주장하고 있다. 그는 자본주의 사회에서는 노동자의 처지가 불안정해진다고 말한다.

"부르주아들 사이에서 격화되어 가는 경쟁과 이 경쟁에 의해 일어나는 상업적 공황은 노동자의 임금을 더욱 더 불안정하게 만든다. 점점 빠른 속도로 이루어지는 기계의 끊임없는 개선은 프롤레타리아트의 생활을 더욱 더 불안하게 한다. …… (이로 인해) 가정, 교육, 그리고 부모와 자녀 간의 화목한 관계라는 부르주아들의 입에 발린 이야기는 프롤레타리아트의 모든 가족적 유대가 대공업에 의하여 갈갈이 찢겨질수록, 그리하여 아동들이 단순히 판매품이나 노동도구로 전락할수록 더욱 더 혐오감을 불러일으키게 된다."

산업화 과정에서 불가피하게 발생하는 소득격차 문제를 인정하면서도 그 처방책에 있어서 마르크스와 밀과 같은 대조적인 견해가 나타나는 것은 무엇 때문인가? 그것은 소득불평등에 대한 원인과 심화 여부에 대한 견해의 차이 때문이다.

고용된 노동자의 처지가 이럴진대, 몰락한 소상인·수공업자·농민이나 실업 상태에 있는 사람의 처지는 더욱 더 절망적일 것이다. 노동자의 상태가 이렇게 불안정해지고 처지가 나아지지 않는 것을 마르크스는 "노동의 상대적 궁핍화"라고 불렀다. 그리고 그는 궁핍화 경향이 나타나는 것은 자본주의의 필연적인 내부 경향인 경쟁 격화 때문이라고 분석했다. 즉 자본가의 소득인 이윤의 원천은 착취된 노동이므로, 자본가가 노동을 더 사용하면서도 노동의 대가로 지불을 적게 하는 방법을 끊임없이 도입해야만 경쟁에서 이길 수 있기 때문이다.

마르크스는 경쟁에 이기기 위해 기계를 사용하면 할수록 노동자의 협상력은 취약해져서 임금은 상대적으로 낮아질 수 있지만, 착취되는 대상인 노동은 적게 사용되므로 이윤의 원천이 줄어드는 모순이 발생한다고 생각한다. 그는 이러한 모순적 상황이 결국 자본주의의 몰락을 가져올 것이라고 생각했다. 나아가 그는 자본주의의 모순이 격화되고 노동자들은 단결하면서 사회주의 혁명이 도래할 것이라고 예견했다.

그 당시 주요 경제사상가들은 이러한 마르크스의 생각을 어떻게 받아들였을까? 물론 맑스는 사회주의자들 사이에서는 알려져 있었으나, 영국의 주요 경제학자들에게 알려질 정도로 유명하지는 않았다. 그렇지만 당시 영국 고전학파 경제학파의 중심인물인

존 스튜어트 밀John Stuart Mill, 1806-1873의 생각을 보면 마르크스의 생각에 동의하는 경제학자는 많지 않았을 것으로 보인다.

밀은 당시 소득불평등이 발생하는 것을 심각하게 생각하고 사회주의적 처방책에 대해서도 우호적으로 평가했다. 『공산당 선언』과 같은 해에 발간된 『정치경제학원리』에서 밀은 양극화로 인해 공산주의 체제를 동경하는 사람이 생길 수 있음을 설명하고 있다.

"현재 우리가 보듯이 일을 전혀 하지 않은 사람에게 가장 큰 몫이 돌아가고 가장 힘들고 불쾌한 일을 하는 사람에게 가장 작은 몫이 돌아가는 식으로 노동에 반비례하여 소득이 분배될 경우 이러한 상태의 사유재산제와 이상적으로 만들어진 공산주의 중에서 선택한다면, 공산주의의 크고 작은 문제들은 먼지와 같이 별것 아닌 것으로 보일 수도 있다."

그렇지만 밀은 사유재산제에서도 정부의 적극적 역할에 의해 소득분배가 개선될 수 있으므로, 현실적으로 작동하는 면에서 많은 문제를 가진 공산주의 체제를 굳이 선택할 필요는 없다고 생각한다. 즉 자본주의하에서도 정부가 소득분배를 개선하기 위해 노력한다면, 개인의 창의성과 자유가 보장되면서도 어느 정도 불평등이 완화될 수 있다는 것이다. 이에 따라 밀은 양극화를 보정하는 방안으로서 정부가 토지를 싼값으로 양도하여 자영농을 만드는 방법, 상속세 강화를 통한 부의 세습 방지, 공공교육 확대를 통한 기술과 숙련도 향상, 노동조합 활동 보장을 위한 입법조치 같은 것을 제시하였다.

산업화 과정에서 불가피하게 발생하는 소득격차 문제를 인정하면서도 그 처방책에 있어서 마르크스와 밀과 같은 대조적인 견해가 나타나는 것은 무엇 때문인가? 그것은 소득불평등에 대한 원인과 심화 여부에 대한 견해의 차이 때문이다. 즉 마르크스는 소득불평등은 자본가와 노동자의 계급대립에서 나온 자본주의의 내재적 문제이며, 점점 문제가 심해질 수밖에 없다고 본 반면, 밀은 소득불평등은 반드시 자본주의와 관련된 것은 아닌 문제로서 적절한 정책에 의해서 완화되고 자본주의가 성숙되면 상당히 완화될 수 있는 문제로 생각했다.

과연 누구의 생각이 더 옳았는가? 자본주의를 취하고 있는 여러 나라도 각국의 사정이 다르므로, 그 평가는 어떤 사례를 보는가에 따라 다를 것이다. 그렇지만, 적어도 두 가지 점에 대해서는 경제학자들 간에 대체적인 동의가 있다. 그 하나는 경제발전이 계속되는 경우 반드시 소득 양극화가 심화되는 것은 아니라는 점이며, 다른 하나는 사회주의 제도하에서도 소득의 평등분배가 완벽하게 실현되는 것은 아니라는 점이다. 이러한 점을 볼 때 20세기를 통해 이미 대실패로 끝난 사회주의적 실험을 또 시도하거나, 그 이론적 근거가 되는 사상이 여전히 유효하다는 생각을 한다면, 퇴행적이라고 볼 수밖에 없지 않을까?

자본주의 capitalism 토지, 노동이 아니라 자본이 생산에 있어서 가장 중요해져서, 자본가가 기업의 의사결정권을 갖게 된 경제체제.

자본주의의 내적 모순 자본주의 경제가 심화되면서 기계화가 진전되어 착취의 대상인 노동이 줄어들게 되고, 결국 이윤의 원천이 없어짐으로써 이윤율이 저하되고 공황에 빠지게 된다는 사회주의자들의 주장.

세계대공황을 바라보는 두 시각

1929년 10월 미국 주식 가격의 대폭락과 함께 세계대공황이 일어났다. 이는 여러 방면에 걸쳐서 큰 충격을 주었다. 1930년대 중반까지 미국과 독일의 산업생산은 3분의 1 가량이 줄었다. 1929년 이전 10년간 미국의 실업률은 평균 5퍼센트 수준이었으나, 공황 이후 10년간은 18퍼센트 수준까지 올라갔다.

세계대공황의 큰 흐름을 살펴보기 위해 당시 활동하던 두 경제학자를 비교해 보는 것도 흥미로울 것 같다. 그 두 사람은 바로 영국의 케인스J.M. Keynes, 1883-1946와 오스트리아 출신의 슘페터J.A. Schumpeter, 1883-1950다. 같은 해에 태어난 두 경제학자는 활동한 지역은 달랐지만, 상당한 경쟁관계에 있었다고 볼 수 있다.

우선, 케인스는 영국 케임브리지 대학의 교수로서 1차대전 이후 독일배상 문제를 다루는 회의에 참석하는 등, 영국 각종 위원회의 일원으로서 활발한 대외적 활동을 한 사람이다. 그는 1936년에 발간된 『고용 · 이자 · 화폐의 일반이론』이란 책을 통해 세계적인 명성을 얻었다. 이 책에서 그가 제시한 소위 "유효수요이론"은 세계대공황을 해결하는 가장 적합한 처방책으로 받아들여졌다.

케인스는 당시 공황이 발생한 원인을 1차대전 이후 크게 불어난 생산능력에 비해 유효수요가 부족했기 때문이라고 보았다. 즉 민간 소비는 소득의 일부분만큼 지출되기 때문에 증가한 공급을 모두 감당하기에는 벅찬 반면, 기업 투자는 미래에 대한 예상에 크게 영향을 받기 때문에 비관적인 전망 하에서는 좀처럼 회복되지 않는다는 것이다. 따라서 케인스는 정부가 의도적으로라도 지출을 증가해야 경제가 회복되지, 시장경제에 맡겨서는 안 된다고 주장했다. 고대 이집트 피라미드나 중세 성당의 건설처럼 정부가 대토목공사를 하든지, 땅을 팠다가 메우는 일을 반복하더라도 임금소득이 증가하고 소비가 늘게 됨으로써 경제가 회복된다는 것이다. 케인스는 불황기에는 인력과 설비 등 많은 자원이 놀고 있으므로, 정부 지출을 1원 늘리면 민간소득이 늘고, 다시 소비가 증대되는 식으로 연쇄반응을 일으키므로 그 효과는 몇 배

고대 이집트 피라미드나 중세 성당의 건설처럼
정부가 대토목공사를 하든지,
땅을 팠다가 메우는 일을 반복하더라도
임금소득이 증가하고 소비가 늘게 됨으로써
경제가 회복된다.
(케인스, 『고용 · 이자 · 회폐의 일반이론』에서)

에 해당된다는 것을 이론적으로 해명하였다.

이러한 케인스의 처방책을 바탕으로 서구 각국의 정부가 적극적으로 경제에 개입하는 정책을 쓰게 되었다. 또한 경제학 이론면에서도 시장경제중심의 자유주의적 경제관이 크게 바뀌는 계기가 되었다. 이러한 케인스 경제학의 영향을 "케인스혁명"이라고 부르기도 한다.

이와 같이 케인스는 자신이 살고 있던 시대에 각광을 받았던 때문인지 미래에 대해서도 비교적 낙관적이었다. 세계대공황이 한창이던 1930년 10월에 쓴 에세이 「우리 자손들의 경제적 가능성」이란 글에서 당시 경제는 "노년기의 류머티즘에 의해 고통받는 것이 아니라, 너무 빠른 변화에 의한 성장통에 의해 고통을 받고 있는 것"이라고 진단하였다. 풍부한 물질과 여가를 어떻게 의미 있게 쓸 것인가를 고민해야 하는 것이 인류가 역사상 최초로 겪고 있는 문제의 본질이라고 말하고 있는 것이다. 그러면서 그는 시간은 걸리겠지만 이 문제는 결국 인간의 지혜를 통해 해결될 것이라고 생각하고 있다.

슘페터는 이와 같은 케인스의 낙관적 입장과는 대조적이었다. 슘페터는 자본주의의 장래에 대해서 아주 비관적이었다. 그는 1942년에 발간된 『자본주의·사회주의·민주주의 *Capitalism, Socialism and Democracy*』라는 책에서 자본주의는 물질적 성공에도 불구하고 환경적 장애 때문에 결국 몰락하고 사회주의 체제가 대세를 이룰 것이라고 전망하였다. 슘페터가 비관적 전망을 하게 된 것은 그의 경력과도 관련이 있어 보인다.

슘페터는 오스트리아 태생으로서 비엔나 대학에서 공부하였다. 그 후 몇 군데 대학에서 가르치다가 1919년 사회당 정부의 재무장관으로 봉직하였으나, 의견 충돌로 1년 만에 사직하게 된다. 1926년에는 한 민간은행장을 맡았으나, 부채로 인해 은행이 파산하였다. 그는 오스트리아를 떠나 1932년부터 미국 하버드 대학의 교수로서 일생을 지내게 된다.

미국에서 활동하던 슘페터는 1939년에 『경기순환론』이란 두 권짜리 대작을 출간하였다. 그는 이 책에서 경기순환을 일으키는 기본적 요인은 창조적 기업가에 의한 기술혁신innovation이라고 보았다. 여기서 기술혁신이란 단순히 발명뿐만 아니라, 신상품 개발, 신원료 발굴, 신시장 개척, 신조직 도입을 포함한 광범위한 변화 과정을 말한다. 그는 기술혁신을 통해 이윤이 창출되고 이를 모방하여 많은 기업이 군집을 이루며 등장하면 호황이 되지만, 결국 경쟁에 의해 수익률이 저하되면 불황에 빠지게 된다고 분석했다.

예를 들어 19세기말 이후에 자동차, 전기, 전화, 화학 분야에서 획기적 발명이 일어났고, 이 분야에서 상업화에 성공하여 세계적

독점기업이 출현하면서 호황이 시작되었다. 그러나 1920년대에는 더 이상의 획기적 혁신이 없어지면서 불황기에 접어들었다는 것이다. 말하자면 슘페터는 공급 측면에서 기업가의 혁신과 이를 자금 면에서 뒷받침하는 신용제도가 있어야만 경제발전이 가능하다고 보았다. 그리고 대규모기업이 등장하면서 오히려 기업가의 활력이 사라지고, 자본주의에 대해 적대적인 분위기가 만들어지면서 계획적 요소가 많아져 결국 사회주의로 이행할 것이라고 전망했다.

그렇다면 케인스와 슘페터의 견해를 비교하여 어떻게 생각해야 할까? 현실적으로 보면 1970년대까지는 케인스의 견해가 지배적으로 수용되었다. 그렇지만 정부지출관리에 의한 경제성장이 한계에 부딪치면서 1980년대 이후에는 기술혁신과 공급 측면에 대한 관심이 커졌다고 생각된다. 이 때문에 어떤 학자는 1980년대 이후를 "슘페터의 시대"라고 부르기도 한다. 수요와 공급 양 측면에서 한쪽으로 쏠렸던 정책적 관심이 다시 균형을 회복하는 과정이라고 할 수 있다. 이러한 변화를 볼 때 정부 지출을 늘려 경제 문제를 해결해 보겠다는 정부가 있다면 뭔가 세계 추세와 맞지 않는 느낌이다.

유효수요이론 theory of effective demand 구매력을 가지고 있는 수요를 유효수요라고 하는데, 국민경제 전체에서는 가계의 소비수요, 기업의 투자수요, 정부지출 등으로 구성됨.

세계대공황 the Great Depression 1929년 10월 미국 주식시장의 대폭락을 계기로 전 세계의 생산 수준이 급격히 저하하여 거의 10년간 계속된 불황을 말함.

저자 소개

홍기현은 1980년 서울대학교 경제학과를 졸업하고, 1987년 미국 하버드대학교에서 경제학 박사학위를 받았다. 그 이후 서울대학교 경제학부 교수로서, 경제학사, 경제사상사, 인간생활과 경제 등을 강의하고 있다. 『경제학 산책』(공저) 등을 통해 경제학의 대중화에 힘쓰고 있다.

알고 보면 재미있는
경제원리

저자 홍기현

2008년 10월 5일 초판 제1쇄 발행
2009년 4월 10일 초판 제2쇄 발행

발행인 이장무
발행처 서울대학교출판부
151-742 서울 관악구 관악로 599
마케팅과 02-889-4424, 02-880-7995
Fax 02-888-4148
E-mail snubook@snu.ac.kr
Home-page http://www.snupress.com

출판등록 제15-3호

ISBN 978-89-521-0931-6 03320

삽화 제공: 조선일보

값 10,000 원